西樵歷史文化文獻叢書

論語注（二）

（清）康有爲 著

廣西師范大學出版社
GUANGXI NORMAL UNIVERSITY PRESS
·桂林·

論語注卷之十

南海康有爲學

鄉黨第十 尹焞曰甚矣孔門諸子之嗜學也於聖人之容色言動無不謹書而備錄之以貽後世今讀其書即其事宛然如聖人之在目也雖然聖人豈拘拘而爲之者哉蓋盛德之至動容周旋自中乎禮耳學者欲潛心於聖人宜於此求焉此篇因朱氏爲多朱氏亦因于古注者也故不復引出

凡一章十七節 釋文作一章而其間事義各以類從皇邢疏別爲科段分二十二節朱子分爲十七節今從朱子

○孔子於鄉黨逡逡如也似不能言者其在宗廟朝廷便便言唯謹爾 史記漢書潛夫論同作恂恂隸釋祝睦後碑鄉黨逡逡朝廷便便與索隱同劉脩碑其於鄉黨遜遜如也疑逡逡爲魯論遜遜爲齊論恂恂爲古論漢碑足据若史記寫本易爲後人宜改也

逡逡溫恭退讓之貌似不能言者謙卑遜順不以賢知先人也鄉黨父兄宗族之所在故孔子居之其容貌辭氣如此便便辯也宗尊也廟貌也象先人之尊貌也宗廟禮法之所在君之治朝三有

外朝治朝燕朝朝廷政事之所出言不可以不明辯故必詳問而極言之但謹而不放爾以視人之驕于鄉里而訥于朝廷何相反也此記孔子在鄉黨宗廟朝廷言貌之不同

○朝與下大夫言侃侃如也與上大夫言誾誾如也君在踧踖如也與與如也漢碑唐扶頌衎衎誾誾後漢書袁安傳誾誾衎衎漢人引多如此疑是今文論語無衎衎字而用侃侃或是古文或是齊論也與與漢書作懙懙史記世家及聘禮注皆先上大夫後下大夫當是今文今各論語本先下大夫後上大夫此君未視朝時也上大夫卿也侃侃和樂也誾誾和悅而諍也馬融曰君在視朝也踧踖敬畏也與與行步安舒此一節記孔子在朝廷事上接下之不同也

○君召使儐色勃如也足躩如也揖所與立左右手衣前後襜如也趨進翼如也賓退必復命曰賓不顧矣擯史記世家作儐漢書作賓叔孫通傳大行設九賓今從史記皇本左右下有其字

儐導也君朝用交儐臣聘用旅儐後鄭謂旅讀爲鴻臚之臚然又

謂旅擯不傳辭此誤混于先鄭故倒之皆傳辭以重其禮也有大賓君使出接也勃變色矜莊貌躩盤辟貌皆敬君命故也所與立謂同爲擯者也揖左人則左其手揖右人則右其手一俛一仰襜動而整貌趨有徐趨疾趨張拱端好如鳥舒翼紓君敬也賈子容經趨以微磬之容飄然翼然肩狀右流足如射箭此一節記孔子爲君擯相之容惟孔子爲魯司寇時無列邦君臣來聘事或以大夫微而不書或卽夾谷相禮之事也

○入公門鞠窮如也如不容釋文于下文執圭鞠躬如也引作窮

諸侯之門有三庫門雉門路門其容十八尺公門高大而若不容敬之至也鞠躬鄭氏曰自斂歛之貌也劉氏寶楠論語正義曰聘禮記注引此下文執圭鞠躬如也釋文躬作窮廣雅釋訓鞠窮謹敬也王氏念孫疏證引此文說之云踧踖鞠躬皆雙聲以形容之故皆言如史記韓長孺傳贊斯鞠躬君子也太史公自序務在鞠

躬君子長者漢書馮奉世傳贊鞠躬履方顧師古注云鞠躬謹敬貌皆當讀爲鞠窮段氏玉裁說文注說略同段又引魯世家匑匑如畏然徐廣云見三蒼謹敬貌也音穹窮則鞠躬者匑匑之假借孫氏志祖讀書脞錄蓋鞠躬與踧踖一例若作曲身解則當云躬鞠如也方與色勃如也足躩如也句法合矣盧文弨龍城札記曰鞠躬鄉黨篇凡三見舊以曲斂其身解之夫信爲曲身何必言如案廣雅匑匑謹敬也曹憲匑音邛六反匔音邛弓反儀禮禮記康成注引孔子之執圭鞠躬如也曹氏之音與鄭注合是鞠躬當讀爲鞠窮乃形容畏謹之狀故可言如不當因躬字而即訓爲身今匑匔二字廣雅皆譌寫賴有曹氏之音猶可考其本字即儀禮注今亦多作鞠躬亦賴有陸氏釋文張淳辨誤尙皆作鞠窮陸氏載劉氏音弓則非劉氏皆讀如窮本字可知矣張云爾雅鞠究窮也鞠窮蓋複語非若踧踖之謂乎鞠窮踧踖皆雙聲正相類說文惟

匑字訓曲脊不云匑躬亦不引論語若鞠字實義蹋鞠也推窮也
養也告也盈也並未有曲也一訓至史記魯世家匑匑如畏然徐
廣音爲窮窮字少異而義未嘗不相近也論語此三句之下一則
曰如不容一則曰氣似不息一則曰如不勝使上文是曲身亦不
用如此覆解或云攝齊升堂鞠躬豈非曲身乎曰言攝齊則曲身
自見正不必復贅言曲身且曲身乃實事而云曲身如更無此文
法讀書脞錄拜經日記大略相同而此較詳論語古訓吾亦盧稿
又引三蒼匑匑敬畏貌爲證羣經義證引魯世家注匑見三蒼音
窮或論語本作匑轉脫作躬案包氏攝齊升堂節注鞠躬者敬慎
之至是也此皆乾嘉諸先生考證至精碻故今從之寫作鞠窮而
曲身之誤說可廢矣

立不中門行不履閾

門謂棖闑待朝而立也古門制兩邊立長木曰棖中立木曰闑在

兩扇門中主由闑東賓由闑西東西各有中曲禮疏云棖闑之間尊者所行不中門者近闑也賈疏謂門有二闑誤閾門限也亦作閫又作梱作柣作榍禮士大夫出入君門由闑右不踐閾踐履也立中門則當尊行履閾則不敬非自高則不淨也

過位色勃如也足躩如也其言似不足者

包咸曰過君之空位謂治朝君揖羣臣處在路門外庫門內之平地無堂陛或以爲庭中當碑南鄭謂入門右君揖之位然凡君空位皆然也色勃如足躩如事彌至容彌盛君雖不在過之必敬不敢以虛位而慢之也言似不足不敢肆也

攝齊升堂鞠躬如也屏氣似不息者

攝摳也齊衣下縫也禮器諸侯之堂七尺七級拾級聚足連步以上言前足升一等後足從之相隨不相過此升階之法有急越等則栗階栗階不過二等左右足各一發而升也禮將升堂兩手摳

衣使去地尺恐躡之而傾跌失容也屏藏除也息鼻息出入也近至尊氣容肅不息有吸無呼也

出降一等逞顏色怡怡如也沒階趨進翼如也復其位踧踖如也釋文一本作沒階趨進誤朱注從之然史記孔子世家儀禮聘禮注曲禮正義儀禮士相見禮疏說文其引此文皆有進字唐石經亦有進字故今不以爲誤

等階之級也逞放也漸遠所尊舒氣解顏怡怡和悅也沒階下盡階也趨進趨前之謂也走就位也復位治朝外門右北面之位或以爲庭中之位皆可踧踖敬之餘也此一節記孔子在朝之容

執圭鞠躬如也如不勝上如揖趨如授勃如戰色足蹜蹜如有循魯讀下爲趨

包咸曰爲君使聘問鄰國執持君之圭鞠躬者敬慎之至禮執主器執輕如不克上如揖趨如授如古通而乃言揖授之實狀上文形容此非形容詞矣聘禮賓入門三揖揖必上其手故曰上而揖

升西楹西東面致命三退負序進授玉于中堂與東楹之閒故曰趨而授戰色戰而色懼也踧踖舉足促狹也如有循記所謂舉前曳踵言行不離地如緣物也圈豚行君與尸行接武謂蹈半跡得三尺大夫繼武跡相及也士中武跡閒容跡也形容揖授之敬也鄭玄注聘禮記上介執圭如重授賓卽如不勝之謂賓入門皇卽勃如戰色之謂升堂讓將授志趨卽足踧踖如有循之謂全引論語此文且將授志趨可證趨授而非下授矣志趨卽徐趨

享禮有容色

鄭玄曰享獻也既聘而享用圭璧有庭實聘禮既受圭賓降出儐者出請賓裼奉束帛加璧享庭實入設賓入門左揖讓如初升致命是也禮者主人以醴禮賓也聘禮既聘乃享既享乃禮凡二事

私覿愉愉如也

鄭氏曰覿見也既享乃以私禮見愉愉顏色和聘禮賓覿奉束錦

總乘馬入門右北面奠幣再拜稽首出儐者坐取幣出有司牽馬以從儐者請受賓禮辭聽命馬入設賓奉幣入門左公揖讓如初升公再拜賓退振幣進授士受馬賓降階東拜送君辭拜也君降一等辭栗階升再拜稽首降出此私覿禮也此一節記孔子爲君聘于鄰國之禮孔子定公九年仕魯至十三年適齊其間無朝聘往來之事或有之而史略之也

○君子不以紺緅飾（說文無緅字當是今文孔注古文必作縓）

君子謂孔子爾雅紺緅者赤黑之間也按一染謂之縓再染謂之赬三染謂之纁四染謂之紺五染謂之緅六染謂之玄七染謂之緇纁淺絳也鄭曰玄纁所以爲祭服紺緅木染不可爲衣飾說文紺深青而揚赤色無緅有纔字云帛爵頭色一曰微黑色如紺纔淺也則纔亦緅字也飾領袖緣也鄭以爲淺紅紫色褻不以爲飾

紅紫不以爲褻服

紅赤白合色紫青赤合色皆閒色褻服私居服也言此則不以爲朝祭之服可知古者衣正色裳閒色故士纁裳雜裳可也此但言衣若裳則可也朝祭服春秋尙黑也記稱朝服以紫自齊桓公始則當時且以爲朝服矣至唐世以紫爲三品以上服紅爲五品以上服此亦三統之殊尙黑尙赤不同也

當暑袗絺綌必表而出之袗玉藻作振皇本無之字

袗單也葛之精者曰絺粗者曰綌玉藻曲禮袗絺綌不入公門戒不敬也表文從毛衣古之衣裘必以毛爲表假借爲外也表而出之謂先著裏衣表絺綌而出之于外欲其不見體也詩所謂蒙彼縐絺是也當是深衣燕居服也古者服絺綌與服裘同皆先著親身之衣冬加裘夏加絺綌春秋加袷褶又其上加裼衣後史所謂中衣近之裼衣上加正服此聘禮疏說裼者開正服之前衿袒其左袖而露其裼衣以正服之左袖揷諸前衿之右若揜其正服則

褻也凡裼衣必與裘同色裘葛必與正服同色

緇衣羔裘素衣麑裘黃衣狐裘

緇黑色羔裘用黑羊皮麑鹿子色白狐色黃衣裼衣也以帛衣裼裘欲色相稱

褻裘長短右袂褻裘古文作絬衣則褻裘是今文

褻裘私居之服也長欲其溫若禮服升降上下不能太長也短右袂所以便作事古者袂制二尺二寸加緣寸半爲二尺三寸半反詘及肘尺二寸短者不反詘及肘也

必有寢衣長一身有半

說文被寢衣鄭今小臥被其半蓋以覆足今日本寢衣有袖而長過身半猶有是焉求古錄謂當在當暑節下常人當暑寢多不用被易感疾孔子爲用小被以防風寒也

狐貉之厚以居

狐貉毛深温厚私居取其適體或謂居與坐通論語居吾語女孝經坐吾語女孟子坐吾明語子玉藻居恒當戸寢恒東首居與寢對亦謂坐也焦贛易林狐貉載剝徙温厚蓐卽用此詩所謂文茵蓋坐褥宜温厚也

去喪無所不佩

君子無故玉不去身凡帶必有佩玉唯喪否閒傳中月而禫禫而纖無不佩

非帷裳必殺之

朝祭之服裳用正幅如帷要有襞積而旁無殺縫其餘若深衣要半下齊倍要則無襞積而有殺縫矣

羔裘玄冠不以弔

喪主素吉主玄弔必變服所以哀死

吉月必朝服而朝

吉月月朔也朝服皮弁服孔子在魯致仕時如此此一節記孔子衣服之制

○齊必有明衣布

齊必沐浴浴竟卽著明衣所以明潔其體也以布爲之士喪禮記明衣裳用幕布袂屬幅長下膝有前後裳不辟長及轂縓綼緆緇純此襲尸之制生人明衣當亦相仿也

齊必變食居必遷坐

變食謂不飲酒不茹葷遷坐易常處也此一節記孔子謹齊之事致潔變常以盡敬交神也

○食不厭精膾不厭細

食飯也精鑿也九章粟五十糲米三十粺二十七鑿二十四侍御二十一愈精則愈少牛與羊魚之腥聶而切之爲膾食精則能養人膾粗則能害人不厭言以是爲善非謂必如是也太古火化未

盡多食生肉今日本人猶全食魚膾法瑞丹那人初入饌亦然

食饐而餲魚餒而肉敗不食色惡不食臭惡不食失飪不食不時不食

饐飯傷熱溼也餲味變也魚爛曰餒肉腐曰敗色惡臭惡未敗而色臭變也飪烹調生熟之節也不時五穀不成果食未熟之類此數者皆足以傷人故不食鄭玄曰不時者非朝夕日中時非其時則不食亦可又如春宜羔豚膳膏薌夏宜腒鱐膳膏臊秋宜犢麛膳膏腥冬宜鮮羽膳膏羶食之時也

不得其醬不食舊本不得其醬不食上有割不正不食當是錯簡今依史記新序韓詩改移在席不正不坐之下

食肉用醬各有所宜不得則不食惡其不備也

肉雖多不使勝食氣惟酒無量不及亂說文引氣作旣當是古文今不從

量升斗石也食以穀爲主故不使肉勝食氣酒以爲人合歡故不爲量所謂一斗亦醉一石亦醉但以醉爲節而不及亂耳

沽酒市脯不食沽當是酤之假借

沽市皆買也恐不精潔或傷人也與不嘗康子之藥同意

不撤薑食

薑是和品通神明去穢惡故不撤

不多食

適可而止養生之道宜少餓不宜飽也

祭於公不宿肉祭肉不出三日出三日不食之矣

周生烈曰助祭于君所得牲體歸則以頒賜不留神惠也蓋不俟經宿家之祭肉則不過三日皆以分賜蓋過三日則肉必敗而人不食之是褻鬼神之餘也但比君所賜胙可少緩耳

食不語寢不言

肺爲氣主喉有氣管而聲出焉寢食則氣窒而不通言語恐傷之也

雖疏食菜羹必祭必齊如也（魯論瓜祭作必祭今文也今從之陸德明曰今本瓜祭非齊論即古論也）羹五味和羹內則有雉羹脯羹雞羹兎羹鶉羹古人飲食每種各出少許置之豆間之地以祭先代始爲飲食之人不忘本也今印度祭猶如此齊嚴敬貌孔子雖薄物必祭其祭必敬聖人之誠也此一節記孔子飲食之節聖人養生之慎如此蓋天與父母三合而生身必當敬謹之非爲徇口體之欲也

○席不正不坐割不正不食（史記世家墨子非儒篇新序節士篇韓詩外傳九說文引割不正不食在席不正不坐之下五書同可證今本在不時不食下當是錯簡今改正）君子貴大居正正本而末應正內而外應正一身以正萬民聖人撥亂世而反之正造次無不歸于正蓋習養神明令其魂魄熟習然後種性堅定故坐席與割肉之小亦必得其正也漢陸續之母切肉未嘗不方斷葱以寸爲度蓋其賢與聖人合也

○鄉人飲酒杖者出斯出矣

杖持也孔子以六尺之杖六十杖于鄉未出不敢先既出不敢後聖人之恭鄉黨而敬老也鄉人飲酒饗也從鄉從食或賓興習射尚賢或蜡祭尚齒此主敬老也

鄉人儺朝服而立於阼階魯讀儺爲獻則儺是古論今不從

禮記郊特牲鄉人禓注禓或爲獻或爲儺惠氏棟曰獻讀爲莎又讀爲義義音莪聲近儺世本微作禓五祀注微者殷之八世孫也禓者强死鬼也謂時儺索室驅逐疫强死鬼也郊特牲以孔子朝服立于阼爲存室神恐其驚先祖欲其依己而安也朝服大夫之祭服用祭服以致其敬阼階東階也此一節記孔子居鄉之事

○問人於他邦再拜而送之

問訊也拜送使者如親見之敬也

康子饋藥拜而受之曰丘未達不敢嘗釋文一本無而之二字

大夫有賜拜而受之禮也空首奇拜也達曉也未達不敢嘗謹疾

也必告之直也

○廄焚子退朝曰傷人乎不問馬

廄匇也馬舍也牛馬之所聚也焚燒也退朝自君之朝來歸也臨鐵論問人不問馬賤畜而重人也蓋未至極平之世只能愛人類非不愛馬恐傷人之意多也

○君賜食必正席先嘗之君賜腥必熟而薦之君賜牲必畜之生魯讀作牲

正席先嘗如對君也既嘗之乃以頒賜腥生肉熟而薦之祖考榮君賜也畜之者仁君之惠無故不敢殺也賜食聘禮之餁也賜腥聘禮之腥也賜牲聘禮之餼也

侍食於君君祭先飯

侍食者君祭則己不祭而先飯若代膳夫爲君嘗食然忠敬之至亦不敢當客禮也

疾君視之東首加朝服拖紳唐石經釋文作拕皇邢本作拖

東首向日以受生氣也玉藻君子居恒當戶寢恒東首君入室倚西面東故必東首以面君也病臥不能著衣束帶又不可以褻服見君故加朝服于身又引大帶于上也平時玄端深衣包咸曰夫子疾處南牖之下東首不敢不衣朝服見君朝服大帶用絲垂曰紳深衣用革帶垂曰厲玉藻紳長制士三尺有司二尺有五寸

君命召不俟駕行矣

鄭玄曰急趨君命行出而駕車隨之玉藻曰凡君召以三節二節以走一節以趨在官不俟屨在外不俟車此三節記孔子事君之禮

○入太廟每事問重出蓋弟子類記行事于此也

○朋友死無所歸曰於我殯朋友之饋雖車馬非祭肉不拜

朋友有通財之義故雖車馬之重不拜祭肉則拜者敬其祖考同

于己親也自父子夫婦兄弟以形合此外以魂合者皆朋友也其
人最多其行最賢其助最重其得最深其義最切生則通財以養
死則斂尸以收之孔子之于朋友其厚如此鄭志問朋友死無所
歸於我殯若此者當迎彼還己館皆當停柩于何所答曰朋友無
所歸故呼而殯之不謂己殯迎之也館而殯之者殯之而已不於
西階也云呼而殯之者此釋經曰字其殯資皆出自夫子就其所
在殯之不迎於家也若館而殯之不於西階則但殯之於館也此
一節記孔子交朋友之義
○寢不尸居不容
皇疏言人卧法云眠當欹而小屈足尸謂偃卧布展四體手足如
死人居家居室家之敬難久故不爲容儀也古者謂威儀爲容漢
藝文志所謂徐生善爲容今賈子容經是也閒居申申天天無事
修飾但惰慢之氣不設于身體耳

見齊衰者雖狎必變見絻者與瞽者雖褻必以貌皇本見上有子字冕鄭玄本作弁魯讀作絻今從之

狎謂素親狎褻謂燕見貌謂禮貌見喪則哀見貴則敬見廢疾則憐

凶服者式之式負版者

凶服送死之衣物式車前橫木軾也有所敬則俯而憑之版中庸所謂方策聘禮記百名以上書于策不及百名書于方策古者邦國土地人民戶口車服禮器皆有圖丹書之以爲信謂之丹圖如民約則書于戶口圖地約則書于土地圖負版持邦國圖籍者人爲萬物之靈而王者之所天也聖人重民哀死而慶其生故式之

有盛饌必變色而作

敬主人之親饋非以其饌也作起也曲禮曰主人親饋則拜而食主人不親饋則不拜而食

迅雷風烈必變

迅疾也烈猛也必變者所以敬天之怒不敢戲豫記曰若有疾風迅雷甚雨則必變雖夜必興衣服冠而坐此一節記孔子容貌之變

○升車必正立執綏

綏挽以上車之索也曲禮僕展軨效駕奮衣由右上則乘者必出左升周生烈曰正立執綏所以爲安亦莊敬之容無在不然也古車無坐故若此今車有坐尤便人則正坐可也

車中內顧不疾言不親指魯讀車中內顧無不字今從之皇本釋文本作輿中

古文作車中不內顧東京賦車中內顧薛綜注內顧謂不外視臣下之私也今文選本仍有不字後人誤增改禮曰顧不過轂包咸曰前視不過衡軛傍視不過輢轂亦足證內顧之禮包氏正解內顧之禮無不字眞魯讀也疾言恐驚衆親指恐惑人故不爲崔駰

車右銘箴闕旅賁內顧自勑車後銘云望衡顧轂允慎兹容風俗通過譽云升車必正立執綏內顧不掩不備不見人短尤魯讀之意最明今各本增不字皆後人誤寫也

○色斯舉矣翔而後集

馬氏曰見顏色不善則去之周生烈曰迴翔審觀而後下止朱子曰人之見幾而作審擇所處亦當如此然此上下必有闕文矣王氏引之經傳釋詞色斯者狀鳥舉之疾也色斯猶色然驚飛貌也呂氏春秋審應篇盛聞君子猶鳥也駭則舉哀六年公羊傳曰諸大夫見之皆色然而駭何注曰色然驚駭貌義與此相近也漢人多以色斯二字連讀論衡定賢篇大賢之涉世也翔而有集色斯而舉議郎元賓碑翻翥色斯竹邑侯相張壽碑君常懷色舉遂用高逝堂邑令費鳳碑色斯輕翔翻然高絜費鳳別碑功成事就色斯高舉

曰山梁雌雉時哉時哉

曰上當有子字梁山澗中橋也孔子嘆雌雉之或舉或集皆能見幾審時故稱曰時哉時哉孔子爲時中之聖溥博淵泉而時出之隨時處中無可不可故易曰隨時之義大矣哉又曰先天而天弗違後天而奉天時以見義理無定當時爲宜孔子生當亂世之時則行撥亂小康之義若生平世之時則行太平大同之義易地皆然禮時爲大記者以論語兼陳萬法恐後世惑于所從故于終篇標舉時義以明孔子之道在時學者審時而行可也此爲孔門微言託雌雉以明之上論始以時終以時下論終以命以言人有時命雖聖人不能違也如春秋始于文王終于堯舜記者有深旨不可不察也

子路共之三戛而作皇本釋文共作供藝文類聚鳥部上太平御覽羽族部作拱呂氏春秋審己篇故子路揜而復釋之爾雅拱執也故雉驚顧而起爾雅鳥曰狊動走之名正字集注引漢石經作戛唐石經作嗅今從戛

憂雉長鳴也子路以手拱執之雉即長鳴而高飛扶摇九萬里負青雲摩蒼天而羅者猶陳于藪澤以喻聖德之困于時亦猶文雉非人所能知也孔子可以仕則仕可以止則止可以久則久可以速則速聖之時者也

論語注卷之十終

門人贛縣王德潛初校
門人高要陳煥章覆校
門人番禺王覺任覆校
門人東莞張伯楨覆校

論語注卷一　三

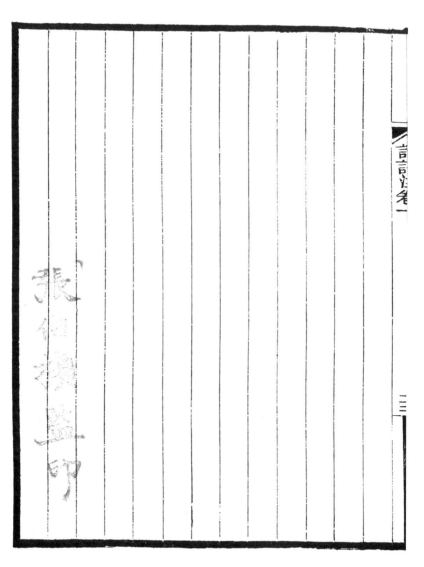

論語注卷之十一

南海康有爲學

先進第十一　此篇多記弟子言行

凡二十五章　釋文凡二十三章皇邢本分德行別爲章故爲二十四章朱子加分回也論篤別爲章故爲二十五章

○子曰先進於禮樂野人也後進於禮樂君子也

包咸曰先進後進謂士先後輩論語述何曰先進謂先及門如子路諸人志於撥亂世者於禮樂尚粗略也後進謂子游公西華諸人志在致太平者於禮樂甚彬彬也大戴禮衞將軍文子篇吾聞夫子之施教也盧辨注引此則先進後進謂弟子也

如用之則吾從先進

時未至於太平則只能用撥亂之禮樂故曰從先進今略近升平然亦未可用太平之禮樂也

○子曰從我於陳蔡者皆不及門也

德行顏淵閔子騫冉伯牛仲弓政事冉有季路言語宰我子贛文學子斿子夏皇本別爲一章今依鄭本合爲一章史記鹽鐵論殊能篇皆次政事於言語前當是魯論今從之

自定公十四年孔子去魯後過衛宋鄭而居陳凡三歲年六十矣中間再適衛而遷居於蔡又三歲至吳侵陳楚昭王救陳乃聘孔子而遭陳蔡大夫之忌見圍子贛至楚楚昭王起兵迎孔子乃解是時孔子年六十三蓋孔子去魯十四年而居陳蔡六歲爲日至久當時雖累思歸而不果弟子之高才者多從之皆名震於諸侯故子西告楚昭王曰王之使使諸侯有如子贛者乎曰無有王之輔相有如顏回者乎曰無有王之將率有如子路者乎曰無有王之官尹有如宰予者乎曰無有時新脫陳蔡之難可知十哲皆從十哲各有所長孔子分以四科蓋三千七十之中妙選高才從行以備致用故震動時流如此此十哲者相得至深相從已久故孔

子思之甚至此之發歎不審何時蓋適十哲不在故思之而記其所長也史記敘厄陳蔡只有子路子贛顏回蓋簡文也孔門高選自有子會子子張外幾全在此會子子張年太少未及從在陳蔡時子斿年十八子夏年十九皆未弱冠而巍然爲孔門文學之選可謂異絕矣科學分於孔子以人之才性難兼衆長宜因姿性所近而爲之故教者宜補人性之所短德行政事文學後人皆知重之至言語立科則後世不知豈知言語之動人最深蓋春秋戰國尙游說辨才孔門立此科俾人習演說也觀董子訶辯而公羊立江公口訥而穀梁敗卽論經學亦重語言矣漢晉六朝尙有立主客以辯難者宋人不知此義乃盡掃之於是中國言語之科乃沒今宜從四科之義而補之

○子曰回也非助我者也於吾言無所不說

助我若子夏之起予因疑問而有以相長也顏子於聖人契合無

間相視莫逆合爲一體孔子深喜之故爲憾之之詞若稱子游之絃歌而戲云焉用也孔子改制門內諸賢未達亦多疑問如宰我之問三年喪子路之迂正名惟顏子與聖合一聲入心通無所疑難孔子乃告以非常異義三世大同歸魂游魂之說及今無可考之異論顏子亦聞而默契相說以解故孔子喜極而爲怪憾之辭

○子曰孝哉閔子騫人不間於其父母昆弟之言

人多有高行美才而父母昆弟之間不滿者蓋骨肉至近隱微易見故也至父母昆弟稱其孝鄉黨友朋稱其孝內外皆同無有間異斯爲至孝矣閔子爲德行之上才孔子獨稱其孝惜孝經不傳於閔子應更有精義過於曾子也後漢書范升傳升奏記王邑曰升聞子以人不間於其父母爲孝臣以下不非其上爲忠注引此言間非也言化其父母兄弟人無非之者舜之烝乂不格姦也惟論衡知實篇引此言虞舜大聖隱藏骨肉之道宜愈子騫瞽叟與

象使舜治廩浚井意欲殺舜何故使父與弟得成殺己之惡使人間非父弟萬世不滅是漢世說此文謂人不非其父母昆弟爲孝說苑稱閔子感其父不出其後母韓詩外傳稱母悔改之後至均平遂成慈母蓋諭親于道尤爲大孝之難者

○南容三復白圭之玷孔子以其兄之子妻之史記弟子列傳大戴禮引此白圭下有之玷二字當是魯論今從之集解本無之玷二字當是古文今不從

詩大雅抑之篇曰白圭之玷尚可磨也斯言之玷不可爲也南容一日三復此詩蓋深有意於謹言蓋謹言者必能愼行此邦有道所以不廢邦無道所以免禍故孔子以兄子妻之三者多之詞

○季康子問弟子孰爲好學孔子對曰有顏回者好學不幸短命死矣今也則亡亡古通無釋文無季字鄭皇邢本皆有季字今從之皇本末有未聞好學者

此與答哀公問同但有詳略蓋顏子爲孔子第一得意弟子餘無高才足稱聖意者故云無蓋自顏子後而孔子大道幾不盡傳者

矣雖子贛之達孔子亦等於無觀此三章而信傳道人才之難也答哀公詳而此略者大戴禮虞戴德曰上于君唯無言言必盡於他人則否以季康子爲人臣故略也

○顏淵死顏路請子之車以爲之椁高麗本足利本無以爲之椁四字子曰才不才亦各言其子也鯉也死有棺而無椁吾不徒行以爲之椁以吾從大夫之後不可徒行也

顏路淵之父名無繇少孔子六歲孔子始教而受學焉椁外棺也請爲椁欲賣以買椁也鯉孔子之子伯魚也先孔子卒言鯉之才雖不及顏淵然已與顏路以父視之則皆子也孔子時已致仕尚從大夫之例孔子之愛顏子慟爲天喪其哀之殆過顏路焉然不爲之竭力以營椁者喪事當稱有無愛徒不過如子且孔顏所以相得者在神明不在體魄故不必强徇顏路而厚葬也

○顏淵死子曰噫天喪予天喪予

包咸曰噫痛傷之聲悼道無傳若天喪已公羊傳末引之以著大同之道不得其傳也

○顏淵死子哭之慟從者曰子慟矣曰有慟乎非夫人之為慟而誰為說文無慟字漢北海相景君碑執金吾丞武榮碑北軍中侯郭仲奇碑李翊夫人碑悲⿰忄重字皆作⿰忄重又案皇本曰有慟乎曰上有子字又誰為下有慟字論衡問孔篇引此文從者作門人非夫人之為慟而誰為作吾非斯人之慟而誰為

慟哀過也夫人謂顏淵言痛惜極非他人比施當其可性情之至

○顏淵死門人欲厚葬之子曰不可門人厚葬之子曰回也視予猶父也予不得視猶子曰非我也夫二三子也舊本猶子下作也字唐石經初刻也作曰

歎不得如葬鯉之得宜以責門人也門人蓋孔門之同人記此以見門人之厚孔子之裁其宜喪事既貴稱有無而聖人之可尊在魂魄無不之如體魄之藏非所重也不用椁不厚葬可見孔門葬義君子愛人以德有不可已者受之其可已者則不必為也

○季路問事鬼神子曰未能事人焉能事鬼神曰敢問死曰未知生

焉知死集注本焉能事鬼下無神曰二字唐石經及匡謬正俗皇邢本敢問上有曰字今從之鹽鐵論鄒章引鬼下有神字當是魯論今從之

鄭氏曰聖人之精氣謂之神賢智之精氣謂之鬼易曰原始反終故知死生之說精氣爲物游魂爲變故知鬼神之情狀又曰通乎晝夜之道而知原始反終通乎晝夜言輪迴也死於此者復生於彼人死爲鬼復生爲人皆輪迴爲之若能知生所自來卽知死所歸去若能盡人事卽能盡鬼事孔子發輪迴游變之理至精語至元妙超脫或言孔子不言死後者大愚也盡人之事者順受其正素位自得則魂魄不壞卽能輪迴無礙無盡盡鬼之事者修精氣錬魂魄存元神保靈魂也若棄人事而專爲此則拘守保任先有滯礙不能輪迴矣蓋萬千輪迴無時可免以爲人故只盡人事卽身超度自證自悟而後可從事魂靈知生者能知生所自來卽已聞道不死故朝聞道夕死可也孔子之道無不有死生鬼神易理

至詳而後人以佛言卽避去必大割孔地而後止千古大愚無有如此今附正之

○閔子侍側誾誾如也子路行行如也冉子子贛侃侃如也子樂皇本閔子下有騫字今本作冉有惟唐石經作冉子今從之若由也不得其死然皇本若上有曰字文選幽通賦座右銘兩注竝引作子曰淮南子精神訓注引作孔子曰孫弈示兒編謂子樂必當作子曰蓋知由不得其死何樂之有惟鄭注已有之

鄭氏曰樂各盡其性行行剛强之貌各盡其性者以盡人之性也子路剛强有不得其死之理故因以戒之其後子路卒死於衞孔悝之難

○魯人爲長府閔子騫曰仁舊貫如之何何必改作子曰夫人不言言必有中仁古文作仍鄭氏曰魯讀仍爲仁今從古故知古文爲仍此從魯讀

廣雅府聚也凡財賄兵器文書皆藏之爲蓋改作之漢元帝詔惟德薄不足以充入舊貫之居其令諸宮館希幸御者勿繕治應劭

曰舊貫常居也郎顗引同長府宮館也楊雄將作大匠箴曰或作長府而閔子不仁用魯論言改作勞民是不仁也若仁則依舊慣之常居蓋古者役民而用之非用雇役孔門最惡虐民故閔了譏之而孔子稱之昭二十五年公居長府九月伐季氏此改長府未知昭公自改大之藉以多藏甲兵抑季氏逐昭公後慮後君再據以攻之而改小之在昭公改之則爲不量力而妄行在季氏改之則更有無君之惡閔子微諷之婉而中言不妄發發必當理惟有德者能之

〇子曰由之瑟奚爲於丘之門

瑟閑也所以懲忿窒欲正人之德也二十七弦說苑修文篇子路鼓瑟有北鄙之聲孔子聞之曰信矣由之不才也冉有侍孔子曰求爾奚不謂由夫先王之制音也奏中聲爲中節流入於南不歸於北南者生育之鄉北者殺伐之域故君子執中以爲本務生以

爲基故其音溫和而居中以象生育之氣憂哀悲痛之感不加乎心暴厲淫荒之動不在乎體夫然者乃治存之風安樂之爲也彼小人則不然執末以論本務剛以爲基故其音湫厲而微末以象殺伐之氣和節中正之感不加乎心溫儼莊恭之動不存乎體夫殺者乃亂亡之風奔北之爲也

門人不敬子路子曰由也升堂矣未入於室也

升堂入室喻入道之次第言子路之學已造乎正大高明之域特未深入精微之奧耳未可以一時之失而遽忽之也

○子贛問師與商也孰賢子曰師也過商也不及曰然則師愈與子曰過猶不及（皇本問下有曰字賢下有乎字過猶不及下有也字）

子張才高意廣故常過中子夏篤信謹守故常不及愈勝也仲尼燕居云子曰師爾過而商也不及子贛越席而對曰敢問將何以爲此中者也子曰禮乎禮夫禮所以制中也道以中庸爲至賢智

者過雖若勝於愚不肖之不及然其失中則一也中庸之爲德也其至矣乎差之毫釐繆以千里故聖人之教抑其過引其不及歸於中道而已此問或在子張初年大戴將軍文子篇孔子徧論及門而以子張與顏子並則是時非子夏所及矣蓋才高志廣之人其成就終於遠大也學者勿僅讀論語而泥之

○季氏富於周公而求也爲之聚斂而附益之皇本而附益之之作也

聚會也斂收也周公以王室至親有大功位冢宰其富宜矣季氏以諸侯之卿而富過之非攘奪其君刻剝其民何以得此冉有爲季氏宰又爲之加賦稅以益其富哀十二年春王正月用田賦魯語載此事仲尼私於冉有曰汝不聞乎先王制土籍田以力而砥其遠邇賦里以入而量其有無任力以夫而議其老幼於是乎有鰥寡孤疾有軍旅之出則徵之無則已其歲收田一井出稯禾秉芻缶米不是過也先王以爲足若子季孫欲其法也則有周公之

籍矣苟欲犯法則苟而賦又何訪焉

子曰非吾徒也小子鳴鼓而攻之可也皇本鳴鼓下無而字論衡順鼓篇引此並無而字

非吾徒絕之也小子鳴鼓而攻之使門人聲其罪以責之也孔子之愛弟子如子至於黨惡害民則絕之不少恕然師嚴而友親故已絕之而又使門人正之又見其愛人之無已也魯有季氏世卿專政祿去公室攘奪刻剝而有用田賦之事是亦卑勝尊賤傷貴不義之至者與季氏不能聽冉有不能救厥罪惟均故鳴鼓而攻若深疾冉有實正季氏之惡

○柴也愚

柴孔子弟子姓高字子羔愚者知不足而厚有餘其執親之喪泣血三年未嘗見齒避難而行不徑不竇此亦愚者之過然益見其仁矣

參也魯

魯鈍也曾子之質魯故守約有餘而擴充不足雖至死尚謹容貌顏色詞氣之間宜其成就之小於孔子大同之道東周之爲斯人之與皆無所受也但眞積力久堅毅誠篤加以老壽故爲大師耳孔子本以爲魯蓋限於天資之無如何者宋賢規模狹隘操守方嚴與曾子近然以一貫之言尊爲傳道而力尊之則誤矣

師也僻皇本辟作僻今各本依馬融注作爲邪辟之辟誤

矯僻岸異好高苟難少失中也

由也喭

喭粗也四者皆性之偏短語之使知自勵也首節脫子曰二字

○子曰回也其庶乎屢空釋文子曰回也或分爲別章今不用說文無屢字當是今文

庶庶幾也屢其數至多空匱易林曰衡門屢空漢書鮑宣傳衣敝屢空言簞食瓢飲屢絕而不改其樂蓋窮理盡性以至於命神明有以自得故能安貧樂道忘乎外境言顏子忘天下忘外物日能

忘身庶於至人也

賜不受命而貨殖焉億則屢中皇本億作憶漢陳度碑作意

命謂天命皇疏江熙曰不受濁世之榮祿貨殖貨財生殖也億意度也論衡知實篇子貢善居積意貴賤之期數得其時率性篇賜不受天之富命所加則天命也言子贛不如顏子之安貧樂道然其才識之明亦能料事而多中也孔子立命爲大義以人之富貴貧賤皆有命在故爲陶猗之子黃白坐擁黔婁之兒儋石不可得命宜富者不求亦富命當貧者求之亦貧故舉世滔滔皆爲求富而富終不可得其才智明達工於殖貨者人以爲才能所致不知亦其命所固有也鄙人孤生未嘗貨殖而未嘗無財又時遭大難而未嘗中絕累驗於人無有錯反人之顛倒於財富中而欲以力求之者亦愚而不知命也孝經緯曰善惡報也命有造之者今之貧富乃其受報故人宜早積功德以造將來之命若日營瑣瑣之

務而荒累世之功則非智者也孔子故因顏子子贛二人以明之以顏子之才明假而殖貨豈止億中然命終短夭則亦不能富也

○子張問善人之道子曰不踐迹亦不入於室釋文本亦作跡或作蹟

迹步處踐迹如言循塗守轍善人雖不必踐舊迹而自不爲惡然亦不能入聖人之室也後世若黃憲高允元德秀之類其善人乎

○子曰論篤是與君子者乎色莊者乎集解合前章爲一惟意義似當别爲章

但以言論之篤厚取人則未知其爲君子者乎爲色莊者乎言不可以言貌取人也

○子路問聞斯行諸子曰有父兄在如之何其聞斯行之冉有問聞斯行諸子曰聞斯行之公西華曰由也問聞斯行諸子曰有父兄在求也問聞斯行諸子曰聞斯行之赤也惑敢問子曰求也退故進之由也兼人故退之

兼人謂勝人也有父兄在服從之義也聞斯行之自由之義也孔

子兩義並存各視其人而藥之亦各視其時而施之非其時非其人而妄行自由不可非其時非其人而妄行服從亦不可也教者如大醫務在因人相時審病發藥而已若有一定之義則爲守單方之庸醫必致誤殺人矣論語萬德並陳義多相反所謂道並行而不悖權實並施或有爲言之讀者以此推之以意逆志得聖人之意志可也如泥單辭片義則由求當日已不可解況數千年後乎今之疑難者執違衆拜下民不使知庶民不議之片言單義以攻聖亦可以釋然矣

○子畏於匡顔淵後子曰吾以女爲死矣曰子在回何敢死

檀弓死而不弔者三畏厭溺呂氏春秋勸學篇曾點使曾參過期而不至人皆見曾點曰無乃畏耶曾點曰彼雖畏我存夫安敢畏與此同義後謂相失在後何敢死謂不赴鬬而必死也史記孔子自去魯後自衞適陳過匡顔刻爲僕以其策指之曰昔吾入此由

彼缺也匡人聞之以爲魯之陽虎陽虎嘗暴匡人匡人於是止孔子孔子狀類陽虎拘焉顏子言夫子在已無敢致死如夫子爲賊所害則必挺身而報仇致死也蓋顏子與孔子恩義莫親其必以死報矣故孔子愛之而慮之觀子在回何敢死孔門師弟義同生死後之人亦可聞風興起矣

○季子然問仲由冉求可謂大臣與

子然季氏子弟論語摘輔象曰子然公順多略知季子然亦弟子之一自多其家得臣二子故問之

子曰吾以子爲異之問曾由與求之問

異非常也曾猶乃也輕二子以抑季子然也

所謂大臣者以道事君不可則止

公羊莊二十四年曹羈下傳三諫不從遂去之君子以爲得君臣之義曲禮爲人臣之禮不顯諫三諫而不從則逃之此孔子所立

事君之大義蓋仕以行道道不行則去不可戀棧也以道事君者不從君之欲不可則止者必行己之志蓋君之與臣同爲國家代理民事者也但分有尊卑而義非奴隸自行其道非以從君

今由與求也可謂具臣矣

具臣謂備臣數而已漢書翟方進所謂爲具臣以全身蓋二子雖非黨惡然不能直伸己志以折僭賊也

曰然則從之者與

子曰弑父與君亦不從也

言二子雖不足於大臣之道然大義則聞之孰矣弑逆大故必不從之是時季氏有無君之心欲使二子從己故深許二子以死難不可奪之節而又以陰折季氏不臣之心也弑逆爲非常之大變驟觀之則常人似亦不從不知凡有弑逆之事賊勢皆可熏天如有違抗身可立死而家可立族不觀於孔融方孝孺乎若荀彧劉

謬之之徒其始從曹操劉裕之時豈遂欲弒父與君哉漸漬順從勢遂至此觀於華歆之牽伏后乃知弒逆不從是大難事則孔子之所以信二賢者至矣

○子路使子羔爲費宰史記弟子傳作費郈宰論衡作郈宰

子路爲季氏宰而舉之也當在定十二年墮郈墮費之後選才賢而定之

子曰賊夫人之子

賊害也言子羔質美而學未成遽使治民適以害之

子路曰有民人焉有社稷焉何必讀書然後爲學論衡問孔篇引作有社稷焉有民人焉或爲今文本未知孰是

人謂有司如女得人焉耳乎之人白虎通人非土不立非穀不食故封土立社稷爲五穀之長故歲再祭之春求秋報社稷合言共爲一壇古經傳皆同王莽分立官社官稷後世遂社稷分壇謬矣

言治民事以爲學得之閱歷較求之書冊所得尤深也

子曰是故惡夫佞者

佞者以口辯折人顚倒是非也左傳子產曰今吾子愛人以政猶未能操刀而使割也其傷實多僑聞學而後入政未聞以政學者也蓋治民之法雖貴於閱歷先本於讀書必於政治之學講求已深然後可出而任政若未嘗考古今之治法但資目前之閱歷則必爲俗吏甚且害民孔子惡其顚倒本末故斥爲佞也韓詩外傳哀公問於子夏曰必學而後安國保民乎子夏曰不學而能安國保民未之聞也記者述之以明學優乃仕爲定義也孔子答哀公以不遷怒不貳過爲好學不及讀書此以讀書爲學不及德性蓋答義各有所因記者筆述太簡非有所遺也子思言尊德性而道問學合斯二者其義最備考孔門之學當以爲主焉其有專主德性而不主讀書專主讀書而不知德性者皆非孔門之全義也

○子路曾皙冉有公西華侍坐

皙曾參父史記作曾蒧字點漢書作字子皙子路少孔子九歲冉有少二十九歲公西華少四十二歲

子曰以吾一日長乎爾毋吾以也鄭本作吾已說文已以也檀弓般爾以人之母嘗巧則豈不得以蓋以已古通用

言我雖年少長於汝然汝勿以我長而退讓不言欲盡言以觀其志聖人和氣謙德於此亦可見矣

居則曰不吾知也如或知爾則何以哉

言汝平居則言人不知我如或有人知汝則汝將何以爲用也

子路率爾而對曰千乘之國攝乎大國之間加之以師旅因之以饑饉由也爲之比及三年可使有勇且知方也夫子哂之率爾皇本作卒爾卒率通用饑鄭本作飢飢餓也爾雅穀不熟爲饑則飢非也釋文矧本又作哂則陸見本作矧說文無哂字則哂是今文

卒爾輕遽之貌攝迫也二千五百人爲師五百人爲旅因仍也穀

梁襄十四年傳云一穀不升謂之嗛二穀不升謂之饑三穀不升謂之饉四穀不升謂之康五穀不升謂之大饑又謂之大侵方義方民向義方則能親其上死其長矣司馬法云古之教民必立貴賤之倫經使不相陵德義不相踰材技不相掩勇力不相犯故力同而意和也哂大笑也哂與矧同曲禮笑不至矧鄭注齒本曰矧大笑則見

求爾何如對曰方六七十如五六十求也爲之比及三年可使足民如其禮樂以俟君子皇本民下有也字

求爾何如孔子問也下放此方六七十里小國也如與也與鄉飲酒禮公如大夫入同義下如會同之義同五六十里則又小矣足富足也俟君子言非己所能冉有謙退又以子路見哂故其詞益遜

赤爾何如對曰非曰能之願學焉宗廟之事如會同端章甫願爲小

相焉

公西華志於禮制外交之事嫌以君子自居故將言己志而先爲遜詞言未能而願學也宗廟之事謂祭祀朝聘諸侯會盟皆會同也端玄端服章甫禮冠相贊君之禮者言小亦謙辭繁露玉杯篇齊頃公即位九年未嘗一與會同之事知會同之難也

點爾何如鼓瑟希鏗爾舍瑟而作對曰異乎三子者之撰子曰何傷乎亦各言其志也曰莫春者春服既成冠者五六人童子六七人浴乎沂風乎舞雩詠而歸夫子喟然歎曰吾與點也說文無希字鏗字撰字鄭作僎詮也亦古文則希鏗撰爲今文釋文一本亦各言其志無也字莫作暮歸鄭作饋謂魯讀饋爲歸史記弟子傳同今從之

四子侍坐以齒爲序則點當次對以方鼓瑟故夫子先問求赤而後及點也希疏也鏗爾舍瑟之聲作起也撰詮也莫春和煦之時春服單袷之衣浴盥濯也今上巳祓除是也韓詩曰鄭國之俗三月上巳之溱洧兩水之上招魂續魄秉蘭草祓除不祥水經注續

漢禮儀志是月上巳官民皆潔於東流水上曰洗濯祓除去宿垢爲大絜是西漢始於宮闈東京則沿爲民俗古祓禳皆除惡之祭女巫之祓除即女祝之禬禳沂水出魯城東南尼丘山北對稷門亦曰雩門隔水有雩壇壇高三丈曾點所欲風舞處雩祭天禱雨之處有壇墠樹木也詠歌也曾點之學入皆自得到處受用不願乎外即事已高隨時行樂與物偕春故其動靜之際從容如此其志則又不過即其所居之位樂其日用之常而其胸次悠然直與天地萬物上下同流各得其所之妙而樂行憂違用行舍藏老安少懷自有與聖人相印合者故夫子歎息而深許之而門人記其本末獨加詳焉蓋亦有以識此矣

三子者出曾皙後曾皙曰夫三子者之言何如子曰亦各言其志也已矣

曰夫子何哂由也皇本夫子作吾子

點以子路之志乃所優爲而夫子哂之故請其說

曰爲國以禮其言不讓是故哂之皇本曰上有子字

曲禮曰侍於君子不顧讓而對非禮也夫子蓋許其能特哂其不遜

唯求則非邦也與安見方六七十如五六十而非邦也者

唯赤則非邦也與宗廟會同非諸侯而何赤也爲之小孰能爲之大

釋文本無與字宗廟會同本或作宗廟之事如會同非諸侯而何一本作非諸侯如之何皇本小大下皆有相字

皇邢疏謂此皆夫子所答言無能出其右者亦許之之詞言冉有公西之才皆優於爲邦冉有之於民政公西之於外交與子路之爲將帥皆可信也聖門高才多從事政治學人人欲得邦孔子亦皆許之惟孔子則本末精粗四通六闢其運無乎不在既玩心高明不止規規於事功之末而又周流行道不肯捨乎形質之粗闓闢自如卷舒無盡不將不迎不繫不捨此所以爲大聖歟

論語注卷之十一終

門人臨桂王權中初校

門人番禺王覺任覆校

門人高要陳煥章覆校

門人東莞張伯楨覆校

論語注卷二　　古

論語注卷之十二

南海康有爲學

顏淵第十二

凡二十四章釋文云子路無宿諾或分此爲別章

○顏淵問仁子曰克己復禮爲仁一日克己復禮天下歸仁焉爲仁由己而由人乎哉

仁者天性之元德禮者人道之節文克勝也復反也夫人者仁也所以行仁之路釋回增美以致中和禮也性無善惡而生有氣質既有毗陰毗陽之偏卽有過中失和之害甚者縱欲任氣其害仁甚矣惟勝其氣質之偏節其嗜欲之過斯保合太和還其元德苟得一日爲仁天下猶將感動蓋斯須不和樂斯須之惡電氣應感於千萬里然則斯須之能克復斯須之佳電氣亦感應於千萬里如今電話然至捷也然事有偏衺固爲仁之礙而已之勇斷實爲

仁之本故君子惟重以責己而與人無預也

顏淵曰請問其目子曰非禮勿視非禮勿聽非禮勿言非禮勿動顏淵曰回雖不敏請事斯語矣

禮者孔子所制以配天地育萬物事爲制曲爲防大小精粗適如其地位分界以爲人身之則諸教所未及而孔子獨美備者也勿者禁止之詞視聽言動則皆魄之爲也由禮則順失禮則乖檃括其外以涵養其中習與性成從容中道則爲聖賢也夫備魂魄而爲人魂虛而魄實魂清而魄濁魂弱而魄强以其濁魄强實必專橫用事與其六鑿交外則必物誘陷溺此人道所以凶也故非發强剛毅清明澹泊無以力制物欲無以變化氣質故佛氏難在降伏其心神秀巨子時勤拂拭凡諸教主無不同以制魄養魂爲要乃至於顏子至善之姿猶須從事若中下之人質性麤惡嗜欲繁多若聽自由則縱欲妄行必至滅人道以爲禽獸不止國土淪亡

已也

○仲弓問仁子曰出門如見大賓使民如承大祭已所不欲勿施於人在邦無怨在家無怨

仲弓曰雍雖不敏請事斯語矣

出門包起居而言使民約臣妾而言而行嚴敬如對大賓大祭無有幾微疏慢者矣視人如已萬物一體故已之所欲以施於人與民同樂也然人情私已而輕人故所欲與聚易所惡勿施難是以孔子重戒於不欲勿施也修已以敬與人以恕更以內外無怨驗其敬恕之效否蓋愷悌慈祥欣喜驩愛斯爲仁人也朱子謂克已復禮乾道也主敬行恕坤道也可視顏冉之高下淺深焉

○司馬牛問仁子曰仁者其言也訒曰其言也訒斯謂之仁已乎子曰爲之難言之得無訒乎

孔安國曰訒難也牛宋人弟子司馬犂恥躬不逮故言不易出蓋

木訥近仁巧言鮮仁朱子謂牛多言而躁故使於此謹之聖人之言雖有高下大小之不同然其切於學者之身而指其入德之要求仁之方實不外是近人以孔子言仁處處異義以名學疑之豈知大醫王因病發藥之苦心乎

○司馬牛問君子子曰君子不憂不懼曰不憂不懼斯謂之君子已乎子曰內省不疚夫何憂何懼

孔安國曰牛兄桓魋將爲亂牛自宋來學常憂懼故孔子解之包氏曰疚病也內省無罪惡無可憂懼孟子謂行有不慊則餒內省不疚則順受其正樂天知命故不憂氣至剛大直塞天地故不懼人之生也與憂俱來性之弱也與物多懼故孔子言仁者不憂獨立不懼入極樂而得大雄得大無畏故無入不自得此學者安身立命之方宜受用之

○司馬牛憂曰人皆有兄弟我獨亡子夏曰商聞之矣死生有命富

貴在天君子敬而無失與人恭而有禮四海之內皆爲兄弟也君子何患乎無兄弟也皇本皆下有爲字阮氏元校勘記鹽鐵論和親章文選蘇子卿古詩注引此皆有爲字

鄭玄曰牛兄桓魋行惡死喪無日我獨爲無兄弟也包氏曰君子疏惡而友賢九州之人皆可以禮親也聞者聞之孔子也孔子立命之大義以死生富貴非人力能爲蓋有天命旣順受其正命而又盡其在己持敬而無間斷致恭而有節文天下之人本皆天生同此天性自同爲兄弟也此固子夏安慰司馬牛之言而實孔子乾父坤母萬物同體之義大同之義亦出是也

○子張問明子曰浸潤之譖膚受之愬不行焉可謂明也已矣浸潤之譖膚受之愬不行焉可謂遠也已矣

浸漬也積也潤益也膚受謂利害切身入皮膚以至骨髓愬愬已之寃毁人者如水之浸灌漸漬而不驟則聽者不覺其入而信之深矣愬寃者如病之創痛而切身則聽者爲所感動而發之暴矣

二者難察而易行若不爲所深入則至明不爲其近蔽則至遠凡人於左右近習之力佞人奸詭之謀雖有智者無不惑矣由其能用浸潤之譖膚受之愬故也於是忠賢見疑正直被斥聽言者不可不愼諸

○子贑問政子曰足食足兵民信之矣子贑曰必不得已而去於斯三者何先曰去兵子贑曰必不得已而去於斯二者何先曰去食自古皆有死民無信不立

兵械也亦假作士卒言富國且强兵然後教化以行有勇知方上下以信相孚國乃能自立也子贑窮理之哲乃爲窮變之問去兵者食足信孚則可制梃以撻堅甲利兵賈誼言鉏耰棘矜不敵于鈎戟長鎩然斬木爲兵遂滅强秦也皇侃引李充曰朝聞道夕死孔子之所貴捨生取義孟軻之所尙自古有不亡之道而無有不死之人故有殺身非喪已苟存非不亡已也箕鄭對晉文公之問

救饑曰信於君心信於民信於令信於事荀子謂出死要節所以養生故至守土垂絶之時百吏死職士卒死列故張巡以死守一城而障唐室王蠋以布衣死節而存齊國文天祥於宋亡後待死以存節義之正氣以視徼幸偷生假於保全生靈若馮道歴相十主者必爲孔子所絶也

○革子成曰君子質而已矣何以文爲漢書古今人表蜀志秦宓傳引作革子成詩匪棘其欲禮記引作匪革拜經日記謂古論語作棘今論語作革從今文故不作棘

革子成衞大夫蓋亦老子晏子之流以崇質尚儉爲宗孔子改制尚文故曰文王既没文不在茲又曰天之未喪斯文公羊開宗明義王者孰謂謂文王何休謂法其生不法其死人道之始革子成蓋攻孔者故曰何以文爲

子贛曰惜乎夫子之説君子也駟不及舌文猶質也質猶文也虎豹之鞹猶犬羊之鞹

孔氏曰皮去毛曰鞹子贛傳孔子之文統者乃難子成以爲去僞保質固異於小人之浮華鮮實而不失君子之意然言出難改將受天下之攻難駟馬不能追也文家質家相須爲用不可相無若必盡去其文但存其質則留虎豹之皮而無炳蔚之文亦與犬羊之皮等耳夫人情莫不重虎豹爲其毛文之炳蔚也聖人緣人情而節文之以垂教耳若悖乎人情逆乎物理令人重犬羊之皮而輕虎豹之皮豈能行哉

○哀公問於有若曰年饑用不足如之何有若對曰盍徹乎

朱子曰稱有若者君臣之辭用謂國用公意蓋欲加賦以足用也

鄭氏曰盍何不也什一而稅謂之徹徹通也公羊傳發孔子之大義曰什一者天下之中正也多乎什一大桀小桀少乎什一大貉小貉穀梁曰古者什一而藉蓋井田什一皆孔子所創之仁政也

孟子告滕文公行仁政曰請野九一而助國中什一使自賦惟助

爲有公田方里而井井九百畝其中爲公田八家皆私百畝同養公田此助稅爲九之一也若無井田處則稅通收十之一爲徹此助徹之異而徹制最便爲易行也貢亦什一其所異者貢則校數歲之中以爲常後世稅法是也徹則量所入而收之今歐美制量田所入而稅近之但非十一耳井田之助制最美然難於行蓋有子舉孔子之所創十一之仁政勸哀公行之也若僞周禮園廛二十而一遠郊二十而三甸稍縣都皆無過十二惟其漆林之征二十而五皆劉歆據漢時之僞制非孔子仁政意也朱子通力合作計畝均收古無此說

曰二吾猶不足如之何其徹也

魯自宣公稅畝已行十二之稅至哀公時用猶不足斷無復返於稅什一之理哀公深怪有子政策之迂而相反

對曰百姓足君孰與不足百姓不足君孰與足鹽鐵論引不足下有乎字漢書谷永傳引

與作予後漢書楊震傳引孰作誰

荀子曰下貧則上貧下富則上富故田野縣鄙者財之本也垣窌倉廩者財之末也百姓時和事業得敘者貨之源也故明主必謹養其和節其流開其源而時斟酌焉潢然使天下必有餘而上不憂不足如是則上下俱富若横征苛斂令民無以為生則君亦與之俱危漢靈善作家而黃巾起明萬歷務礦稅而闖賊興可不戒乎

○子張問崇德辨惑子曰主忠信徙義崇德也

包氏曰徙義見義則徙意而從之按聞義不能徙徙高麗本作從則徙當亦作從蓋立心不以己為主而以忠信為主行事不以己意為從而惟義是從作徙亦可蓋宅居無定惟義是宅其義同也

克己以尊德忘身而殉道

愛之欲其生惡之欲其死既欲其生又欲其死是惑也

包氏曰愛惡當有常一欲生之一欲死之是心惑也人性多偏而愛惡爲甚毀譽易亂其眞好憎又殊所尙甚至同爲一人加膝墜淵逾時變異是爲惽亂有惑疾也後漢書應仲遠爲太山太守舉一孝廉旬日之閒而殺之舉之若是則殺之非也若殺之是則舉之非也仲遠之惑甚矣故當辨此

誠不以富亦祇以異 誠毛詩作成誠是魯論

此詩小雅我行其野之辭程子謂此錯簡當在第十六篇齊景公有馬千駟之上因下文亦有齊景公而誤也

○齊景公問政於孔子孔子對曰君君臣臣父父子子公曰善哉信如君不君臣不臣父不父子不子雖有粟吾豈得而食諸 吾得而食諸阮氏校勘記皇本高麗本吾下有豈字史記孔子世家及漢書武五子傳作吾豈與皇本同今從之

人道綱紀政事之本據亂世以之定分而各得其所安上有禮而下輸忠老能慈而幼能孝則可以爲治否則君驕橫而臣抗逆父

寡恩而子悍悖則國亂而家散矣禮運小康之義以正君臣以篤父子是也二千年間可以爲鑒時齊家國皆亂故夫子以此告之若夫天下爲公選賢與能人人不獨親其親不獨子其子此須待大同之世苟未至其時不易妄行則致大亂生大禍

○子曰片言可以制獄者其由也與折魯讀爲制則折當是古文呂刑制以刑墨子尙同中篇引作折制折當是古通而古文改之今不從

釋詁制折也即斷獄朱子曰片言半言子路忠信明決故言出而人信服之孔氏曰片偏也聽訟必須兩辭以定是非偏信一言以折獄者惟子路可也愚按天下獄情至變僞雖有聖者不能不聽兩造之詞子路雖賢無是理也

子路無宿諾

何氏曰宿豫也子路篤信恐臨時多故故不豫諾然諾不苟也小邾射以句繹奔魯曰使季路要我吾無盟矣季康子使冉有謂曰

千乘之國不信其盟而信子之言子何辱焉對曰魯有事於小邾不敢問故死城下可也彼不臣而濟其言是義之也由弗能其不易許諾即無宿諾之證

○子曰聽訟吾猶人也必也使無訟乎

猶人包氏咸曰與人等也潛夫論曰上聖不務治民事而務治民心導之以德齊之以禮民親愛則無相害傷之意動思義則無奸邪之心非法律之所使非威刑之所強此乃教化之所致孔子自以明決斷獄不足貴必使無爭訟乃可尙也

○子張問政子曰居之無倦行之以忠

居謂身心所安宅無倦則始終如一行謂志事所推施以忠謂表裏無二

○子曰博學於文約之以禮亦可以弗畔矣夫

此章重出蓋弟子各記所聞分見各篇不及删者然亦可見博文

約禮爲聖門恒言言之不已而頻言之益以證孔門學者之宗旨也

○子曰君子成人之美不成人之惡小人反是

朱子曰成者誘掖獎勸以成其事也君子小人所存既有厚薄之不同而其所好又有善惡之異故其用心不同如此按穀梁隱元年春秋成人之美不成人之惡說苑君道篇哀公曰善哉君子成人之善不成人之惡微孔子吾焉得聞斯言哉則此義爲春秋大義聖人上以告君下以教學者忠厚之至言也

○季康子問政於孔子孔子對曰政者正也子帥以正孰敢不正帥趙岐孟子注史記平津侯主父列傳贊引作率以正皇本作而正

季康子魯上卿公羊隱元年王正月春秋之義大居正何君注正一身以正朝廷正朝廷以正百官正百官以正萬民董仲舒曰正本而末應正內而外應蓋履端於始無一不正而後化行俗淳也

大戴禮哀公問篇公曰敢問何謂爲政孔子對曰政者正也君爲正則百姓從政矣君之所爲百姓之所從也君所不爲百姓何從
又王言篇上者民之表也表正則何物不正故君先立於仁則大夫忠而士信民敦工樸商慤女憧婦悾悾孟子所謂一正君而國定上行下效風從草偃孔子之大義也

○季康子患盜問於孔子孔子對曰苟子之不欲雖賞之不竊
盜私利物也盜自中出曰竊說苑周天子使毛伯求金於諸侯春秋譏之故天子好利則諸侯貪諸侯貪則大夫鄙大夫鄙則庶人盜上之變下猶風之靡草也然則民之竊盜正由上之多欲康子奪嫡竊政故夫子以不欲警之雖賞不竊其言至矣

○季康子問政於孔子曰如殺無道以就有道何如孔子對曰子爲政焉用殺子欲善而民善矣君子之德風小人之德草草上之風必偃

爲政者民所視效何以殺爲欲善則民善矣上一作尙加也偃仆也尹氏曰殺之爲言豈爲人上之語哉以身教者從以言教者訟而況於殺乎多殺以止姦蓋酷吏嚴刑之法如郅都趙廣漢之流是也不於風俗教化上轉移之則愈殺而愈熾所謂民不畏死柰何以死治之也且爲民上者撫民如子豈可言殺哉上者民之所效欲善民善觀感所化有如影響民有恥心樹之風聲莫不革面嚮化也

○子張問士何如斯可謂之達矣

子曰何哉爾所謂達者

夫子蓋已知其發問之意欲別其誤而正之也

子張對曰在邦必聞在家必聞

子曰是聞也非達也

言名譽著聞也聞與達相似而不同乃誠僞之所以別學者不可

不審也故夫子明辨之下文又詳言之
夫達也者質直而好義察言而觀色慮以下人在邦必達在家必達
夫聞也者色取仁而行違居之不疑在邦必聞在家必聞
以質直爲根本則無狡僞之思以好義爲行本則無紛切之過此
立身之法以察言觀色接物則不與人忤知深慮下人處事則不
爲人忌此處世之方蓋方正而不識人情好上人必招謗阻行事
難達惟質直將內義以方外謹審言色深長思慮卑以自牧則行
無不達矣若外取於仁則可以市譽內行陰背之則可以欺人務
外徇人非君子自修內省之道而聞譽旣得幾以爲大賢君子積
久自是遂以爲古賢亦如此更無疑讓所謂舜禹之事吾知之矣
狡僞若此雖能得時名終未有不隕落者也聖人教人處世達事
之方至爲精切而又非希世學者不可不留意也
○樊遲從遊於舞雩之下曰敢問崇德脩慝辨惑

包咸曰舞雩之處有壇墠樹木故下可遊焉慝惡也文從匿從心

蓋人所不知而已獨知隱於心而伏其根者脩治而去之蓋明惡易見而隱惡難除非眞有爲己之心惡不忍仁之志不能除此心賊也故夫子善其切問

子曰善哉問

善其切於爲己

先事後得非崇德與攻其惡無攻人之惡非脩慝與一朝之忿忘其身以及其親非惑與

范氏曰先事後得上義而下利也人惟有欲利之心故德不崇惟不自省己過而知人之過故慝不脩感物而易動者莫如忿忿之後則忘其身以及其親惑之甚者也惑之甚者必起於細微能辨之於早則不至於大惑矣故懲忿所以辨惑也正其誼不謀其利明其道不計其功日日訟過懺罪懲忿治怒皆學者自脩之要孔

子或因樊遲之病而告之然人情無不未事計得好攻人惡而妄肆己忿則普天下人之藥石也

○樊遲問仁子曰愛人問知子曰知人

仁者無不愛而愛同類之人爲先知者無不知而知善惡之人爲當務之急蓋愽愛之謂仁孔子言仁萬殊而此以愛人言仁實爲仁之本義也

樊遲未達

曾氏曰遲之意蓋以愛欲其周而知有所擇故疑二者之相悖爾

子曰舉直錯諸枉能使枉者直

舉直錯枉者知也使枉者直則仁矣如此則二者不惟不相悖而反相爲用矣

樊遲退見子夏曰鄉也吾見於夫子而問知子曰舉直錯諸枉能使枉者直何謂也

遲以夫子之言專爲知者之事又未達所以能使枉者直之理

子夏曰富哉言乎

歎其所包者廣不止言知

舜有天下選於衆舉皐陶不仁者遠矣湯有天下選於衆舉伊尹不仁者遠矣

伊尹湯之相也不仁者遠言人皆化而爲仁不見有不仁者若全其遠去爾所謂使枉者直也子夏蓋有以知夫子之兼仁知而言矣聖人言近而指遠一動而仁智兼該非淺識所易領會非淺學所易窺測矣且動須化枉爲直令舉天下無惡人舉天下皆仁人此皆大同之義而聖人悲憫博愛之至也

○子贛問友子曰忠告而善道之不可則止毋自辱焉

友五倫之一人道之至切隨處皆然而不可須臾離者也故有所是非則盡其心以告之有所規諫善其說以道之然以義合者也

故不可則止若以數而見疏則自辱矣

○曾子曰君子以文會友以友輔仁

講學以會友則友多而皆出於正取善以資仁則德進而夾輔以長孔子謂子賤魯無君子斯焉取斯葢嚴師誘導之功不如多賢友夾輔之力人情孤獨則懶惰易覩摩則奮厲生置諸衆正友之中則寡失德置諸多聞人之中則不寡陋故輔仁之功取友爲大但會之之始勿以宴樂佚游進則易得益友矣

門人番禺王覺任初校

門人高要陳煥章覆校

論語注卷之十二終

門人東莞張伯楨覆校

論語注卷之十三

南海康有為學

子路第十三

凡三十章

○子路問政子曰先之勞之請益曰毋倦釋文本無作毋唐石經作無惟今文無皆作毋無則為古文陸氏尙見今文本石經在陸氏後誤從古文故今不從石經

大戴禮子張問入官篇君子欲政之速行也莫若以身先之也蘇氏曰凡民之行以身先之則不令而行凡民之事以身勞之則雖勤不怨君子所以能服人心者實則先勞如以貴自處于後自居于逸則人怨矣能先勞則吏願服勤民願盡死但先勞患不能持久若其無倦必有成功矣孔子雖無並耕之愚而其為公之意則時時露于言表先勞亦其公之至也

○仲弓為季氏宰問政子曰先有司赦小過舉賢才

有司衆吏之職也宰兼衆職以身先之與告子路同躬行者政之始聖人于此尤諄諄也過失誤也大者于事或有所害不得不懲小者赦之則刑不濫而人心悅矣賢有德者才有能者舉而用之則有司皆得其人而政益修矣

曰焉知賢才而舉之曰舉爾所知爾所不知人其舍諸

仲弓慮無以盡知一時之賢才孔子則以賢才人所共用但自舉所知人亦各舉所知不必盡私之己也孔子之言處處皆以大同爲本此卽貨惡其棄于地不必藏于己之意蓋有天下爲公之心則觸處皆是也

○子路曰衞君待子而爲政子將奚先

衞君謂出公輒也是時魯哀公之十年孔子自楚反乎衞史記孔子世家是時衞君輒父不得立在外諸侯數以爲讓而孔子弟子多仕于衞衞君欲得孔子爲政子路曰衞君待子而爲政此是今

文口說至可信據

子曰必也正名乎

太史公自序曰南子惡蒯聵故子父易名謂不以蒯聵爲世子而輒繼立也名之顛倒未有甚于此者故孔子以正名爲先鄭氏以爲正書字則謬甚春秋公羊傳以王父命拒父命乃有爲之言非爲石曼姑帥師拒蒯聵而發惲氏敬先賢仲子廟立石文曰衛出公未嘗拒父也衛靈公生于魯昭公二年其卒年四十七而蒯聵爲其子出公爲其子之子蒯聵先有姊衛姬度出公之卽位也內外十歲耳二年蒯聵入戚三年春圍戚衛之臣石曼姑等爲之非出公也夏氏炘衛出公輒論曰蒯聵有殺母之罪斯時南子在堂其不使之入明矣輒不得自專也及輒漸長而君位之定已久勢不可爲矣考蒯聵于靈公四十二年入居于戚及至出公十四年始與渾良夫謀入凡在戚者十五年此十五年中絕無動靜則輒之

以國養可知孔子於輒之六年自楚至衛輒年可十七八歲有欲用孔子之意故子路曰衛君待子而爲政孔子以父居于外子居於內名之不正莫甚於此故有正名之論而子路意輒定位已久且以國養父未爲不可故以子言爲迂其後孔子去衛而果有孔悝之難甚矣聖人之大居正爲萬世人倫之至也孟子曰孔子於衛孝公有公養之仕先儒謂孝公卽出公輒孔子在衛凡六七年輒能盡其公養則此六七年中必有不忍其父之心孔子以爲尚可以爲善而欲進之以正名惜乎優柔不斷終不能用孔子耳設也輒果稱兵拒父而孔子猶至衛且處之六七年何以爲孔子

子路曰有是哉子之迂也奚其正迂鄭本作于奚史記作何

包氏曰迂遠也謂遠于事情言其難行也鄭作于云狂也或是魯讀檀弓于則于莊子其覺于于文王世子于其身以善其君亦與迂濶義近

子曰野哉由也君子於其所不知蓋闕如也

荀子大略篇言之信者在乎區蓋之間漢書儒林傳疑者丘蓋不言丘區闕聲之轉皆闕疑之意野謂鄙僿率爾妄對也包氏曰君子于其所不知當闕而勿據

名不正則言不順言不順則事不成事不成則禮樂不興禮樂不興則刑罰不中刑罰不中則民無所錯手足

釋文本又作措漢書朝錯晉灼音錯爲厝置之厝說文引作厝考工記作措注故書措作厝則措或是古文

鄭司農云中者刑罰之中後漢梁統疏引中作衷是也蓋名定而實辨道行而志通然後言順而事成故尙正名荀子正名篇曰後王之成名刑名從商爵名從周文名從禮散名之加于萬物者則從諸夏之成俗曲期遠方異俗之鄉則因之而爲通後王者孔子也蓋今中國一切名號皆孔子所正也

故君子名之必可言也言之必可行也君子於其言無所苟而已矣

史記作爲之必可名

所名之事必可得而明言所言之事必可得而遵行否則民疑惑而多辨訟以生大奸故事不成奸僞並起安能起禮樂以致中和移風俗上不中和下壞風俗則刑罰益亂上無道揆下無法守則民無所措而政不能行矣

○樊遲請學稼子曰吾不如老農請學爲圃曰吾不如老圃皇本圃下有子字

種五穀曰稼種蔬菜曰圃學各有專門老農老圃皆專門爲種植之學有心得有閱歷有傳方其益于世甚大雖以聖人之智而專門之學必當問之專門技師也

樊遲出子曰小人哉樊須也

小人謂細民孟子所謂小人之事者也

上好禮則民莫敢不敬上好義則民莫敢不服上好信則民莫敢不

用情夫如是則四方之民襁負其子而至矣焉用稼陸本作繈石經文字以繈爲非禮義信大人之事也好義則事合宜情誠實也敬服用情蓋各以其類而應也襁織縷爲之以約小兒于背者包氏曰禮義與信足以成德何用學稼以教民乎負者以器曰襁孔子甚稱老農老圃此但因樊遲潔身忘世故欲其學道化民蓋聖人胞與爲心斯人是與樊遲以士人來學理當進之故言若能從大人之事則不必爲細民之事然此爲孔子爲樊遲一人之言舉世之人安得盡爲大人學者若學農林專門豈不甚善且又兼禮義信則爲伊尹諸葛之躬耕豈非孔子所深許乎讀者無泥于辭可也

○子曰誦詩三百授之以政不達使於四方不能專對雖多亦奚以爲

墨子公孟篇誦詩三百弦詩三百歌詩三百舞詩三百但言誦者以得其意恉也專獨也詩言國政著風俗本人情該物理長于風

諭故誦之者必達于政而能言也古詩三千孔子刪之得十五國三百五篇每篇皆有詩說于政事尤精博孔門學者皆受之蓋詩出輶軒之採如今日之報孔子選十五國之報精者加以改制口說以爲功課書故通其學者皆爲政治家言語家之才此必有爲而言

○子曰其身正不令而行其身不正雖令不從後漢書第五倫傳引作雖令不行

令教令也以身教者從以言教者訟蓋觀感之化不待反脣皆從意而不從令也故在反身而已

○子曰魯衞之政兄弟也皇本無也字

包氏曰魯周公之封衞康叔之封周公康叔既爲兄弟其國之政亦如兄弟魯衞皆多君子亦同惟史記以此爲衞出公魯哀公發蓋衞父子不正魯則君臣不正是時衰亂政亦相似故孔子歎之

○子謂衞公子荆善居室始有曰苟合矣少有曰苟完矣富有曰苟

美矣

公子荆衛大夫苟誠也合言已合于禮也完器物備也言其觸境而安寡欲知足不以外物自累也吾所至印度舍衛摩竭提勒撓諸都會印王之宮室皆峻宇雕牆奇偉精絶當時之虐用其民可想蓋土司酋長無不縱欲虐民故孔子稱公子荆以諷之若在雇役之世則不以此論魯哀公子亦名公子荆故加衛字以異之

○子適衛冉子僕子曰庶矣哉冉子曰既庶矣又何加焉曰富之既富矣又何加焉曰教之皇本春秋繁露仁義法篇論衡問孔篇風俗通義十反卷並作冉子今從之通行本作冉有

僕給事者亦御也庶衆也庶而不富則民生不遂富而不教則民德不育富以養其生教以善其性二者備矣夫教化廢則推中人而墜於小人之域教化行則引中人而納於君子之塗然饑寒切膚不顧廉恥孔子雖重教化而以富民爲先管子所謂治國之道

必先富民此與宋儒徒陳高義但言餓死事小失節事大者亦異矣宋後之治法薄爲俸祿而責吏之廉未嘗養民而期俗之善遠爲期而責不至重爲任而責不勝弱者爲僞而強者爲亂蓋未富而言教悖乎公理紊乎行序也此爲孔子三至衛在魯哀公元年孔子年五十九歲

○子曰苟有用我者期月而已可也三年有成史記世家引期月而已無可也

期復其時言周年也孔子改制仁政以撥亂反正苟行之一年則規模可立三年則治教大成此孔子在衛靈公不用之而發歎也自信自任而言之如此確有把握可守確有條理可行所謂樂則行則行在此聖人不妄自任其次序期限可玩也愚嘗誦之然用我必三年乃可十年有成益歎聖人之神化也聖人日以天下縴晝于中如此固非兢兢守身守約之儒所能窺矣

○子曰善人爲邦百年亦可以勝殘去殺矣誠哉是言也史記引無矣字刑法

志引無亦字

爲邦百年言相繼而久也勝殘化殘暴之人使不爲惡也謂民化于善可以不用刑殺也蓋古有是言而夫子稱之美國開國百年刑殺大減近之矣

○子曰如有王者必世而後仁史記孝文帝紀贊論衡宣漢篇引而後並作然後疑漢時本有作然後者世有三曰亂世曰升平世曰太平世必撥亂世反之正升于平世而後能仁蓋太平世行大同之政乃爲大仁小康之世猶未也天下歸往謂之王蓋教主也

○子曰苟正其身矣於從政乎何有不能正其身如正人何苟誠也言從政者當先正身正一身以正百官正百官以正萬民一正而無不正一不正而無能正也

○冉子退朝子曰何晏也對曰有政子曰其事也如有政雖不吾以吾其與聞之

馬氏曰政者有所改更匡正事者凡行常事蓋上所施行經國洽民曰政下奉令承旨作而行之謂之事言國有改更匡正之議孔子爲元老必與議焉言議政立法必經元老也若奉行故事而非改更成案則不得謂之政此明議政與行事之別而議政必合大夫共議之不如行事之聽行事官獨斷也今歐人有行政官事務官之別出此

○定公問一言而可以興邦有諸孔子對曰言不可以若是其幾也

幾近也詩曰如幾如式言一言之間未可以如此而必期其效

人之言曰爲君難爲臣不易

當時有此言也

如知爲君之難也不幾乎一言而興邦乎皇本如知爲君之難也無之字

知水載舟亦以覆舟民可近不可下敬天命畏民岩兢兢業業愛民保國盡君之責任則一言而邦可與爲定公言故不及臣也

曰一言而喪邦有諸孔子對曰言不可以若是其幾也人之言曰予無樂乎爲君唯其言而莫予違也如其善而莫之違也不亦善乎如不善而莫之違也不幾乎一言而喪邦乎申鑒雜事篇晉書潘尼傳引邦並作國當是避漢諱

違背也禍莫大于壓力專制患莫大于予智自雄不善不違則奴隸之臣滿前讒諂之人日至過失不聞禍患不知隋煬之驕侈喪邦由此即符堅之英慢諫興兵亦以喪邦此非聖人之危言乃切驗之公理也周語天子聽政使公卿至於列士獻詩瞽獻典史獻書師箴瞍賦矇誦百工諫庶人傳語近臣盡規親戚補察瞽史教誨耆艾脩之而後王斟酌焉是以事行而不悖後世給事貼黃裂麻猶有此意蓋爲君冀人諫諍不嫌有違也

○葉公問政子曰近者說遠者來今本作近者悦遠者來韓非子難篇作政在悦近而來遠史記世家作來遠附邇漢武帝紀作徠遠

說樂也來歸也墨子耕柱篇引作遠者近之舊者新之當是齊論

原本蓋民患于隔遠而不通則疾苦不知情形不悉如血氣滯塞則爲疾故不善爲政者堂上遠于萬里善爲政者萬里縮若咫尺若今之鐵路電線汽船縮地如掌呼吸可通交輸進益所謂遠者近之也器莫若舊政莫若新蓋舊則塞滯新則疏通舊則腐壞新則鮮明舊則頽敗新則整飭舊則散漫新則團結舊則窳落新則發揚舊則形式徒存人心不樂新則精神振作人情共趨伊尹曰用其新去其陳病乃不存故去病全在去舊更新康誥大學所貴作新民也且宜日新又新蓋方以爲新未幾即舊故務在新之惜此微言久經淪落中國之俗向患于遠而不近舊而不新失此靈藥致成痼疾可以爲鑒也

○子夏爲莒父宰問政子曰毋欲速毋見小利欲速則不達見小利則大事不成釋文毋欲音無今本作無皇本上作毋下作無當誤毋是今文從之

莒係以父魯人語音如亢父單父梁父魯邑名欲事之速成則急

遠無序而反不達見小者之爲利則所就者小而所失者大矣故
大戴記曰好見小利妨于政呂覽曰不去小利則大利不得學者
之患皆在見小欲速由志趣不遠規模不大而成就因之所見愈
遠經營愈大者爲萬世久遠之規爲普天成仁之事則其達成愈
難而皆視其所欲所見以決之愚生平最服膺斯義亦願與天下
學者共服之愈體驗愈覺其親切也
○葉公語孔子曰吾黨有直躬者其父攘羊而子證之
孔曰直躬直身而行周曰有因而盜曰攘鄭氏注躬作弓人名當
是齊論高誘淮南汜論訓注云直躬楚葉縣人也躬蓋名其人必
素以直稱猶狂接輿盜跖之比隸續陳實字仲躬蓋弓躬通
孔子曰吾黨之直者異於是父爲子隱子爲父隱直在其中矣
證者施于平人恩之大者愛之至深其有過惡則爲隱諱檀弓事
親有隱而無犯公羊故春秋于內大惡諱內小惡不諱父子恩之

至深尤當隱諱此天理人情之至故義無定在隨時處中于人則證之爲直于父則隱之爲直公羊文十五年齊人來歸子叔姬閔之也父母之于子雖有罪猶若其不欲服罪然何休注引此文說之云所以崇父子之親是也鹽鐵論周秦篇父母之於子雖有罪猶匿之豈不欲服罪子爲父隱父爲子隱未聞父子之相坐也漢宣詔曰自今子首匿父母妻匿夫孫匿大父母皆勿坐其父母匿子夫匿妻大父母匿孫殊死皆上請足知漢法凡子匿父母等雖殊死皆勿坐父母匿子等殊死以下皆不上請蓋皆許其匿可知皇疏云今王法則許期親以上得相爲隱不問其罪是也白虎通諫諍篇君不爲臣隱父獨爲子隱何以爲父子一體榮耻相及明父子天屬得相隱與君臣異也今律大功以上得相容隱告父祖者入十惡用孔子此義葉公惡儒教多諱故以此諷而適以見其野蠻而已英屬加拏大有女淫犬而父揚之報中是亦直躬之類

未被孔子之教故也蓋一公無私乃至淺義愛無差等之教也禮曰子不私其父則不成爲子此孔子因人情而特立之精義所以與異教殊也

○樊遲問仁子曰居處恭執事敬與人忠雖之夷狄不可棄也

包曰雖之夷狄無禮義之處猶不可棄去而不行居處恭則衾影無愧帝天或臨見賓承祭小大不慢執事敬則顧諟常惺精謹不失與人忠則信厚慈惠人皆愛戴此行己接物之公理也公理既備則不徒在禮義文明之邦人皆尊信即在夷狄野蠻之國而公理不可廢亦必不見棄也仁本爲公理人能盡公理者無在而不可行焉矣

○子贛問曰何如斯可謂之士矣子曰行己有恥使於四方不辱君命可謂士矣

曾子制言篇有恥之士富而不以道則恥之貧而不以道則恥之

此其志有所不爲而其才足以有爲者也子贛能言故以使事告
之蓋爲使之難不獨貴于能言而已
曰敢問其次曰宗族稱孝焉鄉黨稱弟焉
白虎通宗尊也大宗能率小宗小宗能率羣弟通其有無所以紀
理族人也族者湊也聚也謂恩愛相流湊也上湊高祖下湊玄孫
一家有吉百家聚之合而爲親生相親愛死相哀痛有會聚之道
故謂之族稱譽也此本立而才不足者故爲其次
曰敢問其次曰言必信行必果硜硜然小人哉抑亦可以爲次矣孟子悻悻然見于其面趙岐注引論語此文並作悻悻當是齊論孫奭音義悻悻字或作悻悻莊子至樂篇作誙誙乎如將不得已漢書楊敞傳作脛脛者未必全爾雅釋詁作掔固也益通
果必行也史記樂書石聲硜小人言其識量之淺狹也此言行無
失鄉黨自好之士亦不害其爲自守也故聖人猶有取焉下此則
市井之人不復可爲士矣

曰今之從政者何如子曰噫斗筲之人何足算也

噫鄙薄之聲斗量名容十升筲飯筥也容五升斗筲之人言聚歛持祿也猶今諺言飯桶也算數也孔子以有恥有才爲士行蓋人而無恥則無所不爲而無才則無所可用有恥則進而愈上能使則倜儻權變尤才之上者故非孝弟信果之人所能比也

○子曰不得中行而與之必也狂狷乎狂者進取狷者有所不爲也

說文無狷字孟子作獧

中行依中庸而行包曰狂者進取于善道狷者守節無爲欲得此二人者以時多進退取其恒一蓋狂者志極高而行不掩狷者知未及而守有餘蓋聖人本欲得中道之人而教之然既不可得則隱怪之流失之乖僻必至入于奇衺而與道背馳謹厚之人則守約退懦而不能振拔流俗以任大道惟有狂狷之人猶能激勵裁成之以任道也蓋學道貴中行之資剛柔兼備而任道則非志

高氣上者不能雖有小偏終有大成顧允成謂當從狂狷起從中行歇若遽學中行恐爲鄉愿然哉

○子曰南人有言曰人而無恒不可以作巫醫善夫（禮記緇衣作人而無恒不可以作卜筮意同）

南人南國之人猶詩言東西人也恒常也巫所以交鬼神醫所以治疾病非久于其道則不能精故記曰醫不三世不服其藥欲其久也太古重巫醫故巫醫之權最大埃及猶太印度波斯皆然猶太先知卽巫也耶氏則兼巫醫而爲大教主矣蓋巫言魂而通靈醫言體則近于人其關係最重故孔子重之欲其有恒而致精也二三其德則無可成之事故執德者亦在有恒而已巫醫皆以士爲之世有傳授故精其術非無恒之人所能爲也楚語古者民神不雜民之精爽不攜貳者而又能齊肅衷正其智能上下比義其聖能光遠宣朗其明能光照之其聰能聽徹之如是則明神降之

在男曰覡在女曰巫是使制神之處位次主而爲之牲器時服楊泉物理論夫醫者非仁愛不可託非聰明達理不可任非廉潔淯良不可信古之用醫必選名姓之後又云其德能仁恕博愛其智能宣暢曲解知天地神祇之次明性命吉凶之數處虛實之分定順逆之理原疾量藥貫微達幽觀此則巫醫皆抱道懷德學徹天人故必以有恒之人爲之

不恒其德或承之羞

此易恒卦九三爻辭鄭氏曰或常也皇疏言羞辱常承之也易象傳曰不恒其德無所容也蓋不恒則去就無常朝夕殊異勢必反覆親好皆化仇敵歸向亦皆疑畏投身無容則羞辱從之蓋深惡反覆子而大聲疾呼之也

子曰不占而已矣

鄭氏玄曰易所以占吉凶無恒之人易所不占書所謂事煩則亂

事神則難詩所謂我龜既厭不我告猶

○子曰君子和而不同小人同而不和

鄭語史伯曰夫和實生物同則不繼先王以土與金木水火雜以成百物是以和五味以調口和六律以聰耳聘后于異姓求財于有方擇臣取諫工而講以多物聲一無聽物一無文味一無果物一不講左傳晏子曰和如羹焉水火醯醢鹽梅以烹魚肉燀之以薪君臣亦然君所謂可而有否焉臣獻其否以成其可君所謂否而有可焉臣獻其可以去其否是以政成而不干民無爭心先王之濟五味和五聲也以平其心成其政也聲亦如味一氣二體三類四物五聲六律七音八風九歌以相成也清濁小大短長疾徐哀樂剛柔遲速高下出入周疏以相濟也君子聽之以平其心心平德和今據不然君所謂可據亦曰可君所謂否據亦曰否若以水濟水誰能食之若琴瑟之專壹誰能聽之同之不可也如是蓋

君子之待人也有公心愛物故和其行已也獨立不懼各行其是故不同小人之待人也媚世易合故同其行已也爭利相忮不肯少讓故不和

○子貢問曰鄉人皆好之何如子曰未可也鄉人皆惡之何如子曰未可也不如鄉人之善者好之其不善者惡之

此爲採鄉評合公論言之風俗未美則鄉論亦不可據鄉人皆好或爲閹然媚世之愿人鄉人皆惡或有獨行苦心之異士故不如善人好之則無同流合污之害不善人惡之則益見其嫉惡禁邪之風聖人之論人不採諸衆譽而並察諸衆毀蓋不爲惡人之所毀亦必無可信者也後世僅知採衆好則所得皆媚世合污之人所由不入于堯舜之道也若行議會之選舉先選一次舉鄉望之善者乃由衆善者複選之庶幾得人然若不善人多而善人少則好惡必失其真矣

○子曰君子易事而難說也說之不以道不說也及其使人也器之小人難事而易說也說之雖不以道說也及其使人也求備焉

器謂隨其材器而使之也曾子曰夫子見人之一善而忘其百非故君子之心正而恕小人之心邪而刻正故佞媚不能親入而與人不求備邪故讒諂賄賂得而入之而疑責人則甚苛夫至左右皆讒諛賄賂之人爲蔽則雖有奇才與學亦必敗壞而爲小人之歸而已

○子曰君子泰而不驕小人驕而不泰

此就人之得意志時言之泰安坦也驕放肆也見大心廣無入而不自得故泰雖從容安舒然無衆寡無小大無敢慢出門如見賓使民如承祭故不驕行無忌憚而陰畏鬼神內愧魂魄李林甫之終夜移床蕭老公之賣身贖罪何曾一日泰乎

○子曰剛毅木訥近仁

剛者無欲毅者果敢木者樸行訥者謹言四者皆能力行與巧言令色相反者故近仁蓋聖人愛質重之人而惡浮華佻僞如此蓋華者不實也漢書稱周勃木強敦厚尹齊木強少文惟厚重質樸者乃可任道

○子路問曰何如斯可謂之士矣子曰切切偲偲怡怡如也可謂士矣朋友切切偲偲兄弟怡怡如也皇本高麗本文選求通親親表注初學記十七藝文類聚二十一太平御覽四百十六引此文並有如也二字今從之大戴禮作兄弟憘憘說文無憘字當是今文

鄭曰切切勸競也有相摩按義祭義作潒潒偲偲強勉也怡怡和悅也皆子路所不足故告之又恐其混于所施則兄弟有賊恩之禍朋友有善柔之損故又別而言之家庭尙恩與父子不責善義同

○子曰善人教民七年亦可以卽戎矣

卽就也戎兵也教民者教之以孝弟忠信之行忠君愛國之心水

陸戰陣之法必教七年然後可戰則教練身體手足膽略之事課程甚繁可知今七年之章程不可覩考然孔子之所治者亦至精愼矣今德國治兵至精亦不過三年孔子之章程比之加倍後之治國者亦可推述矣

○子曰以不教民戰是謂棄之

以用也言用不教之民以戰必有敗亡之禍是棄其民也蓋兵必練身體練手足練耳目練技能練膽氣練心思練志行學義信禮而後可用又必視敵兵比較而後可戰否則必喪師而棄民

門人番禺王覺任初校

門人高要陳煥章覆校

論語注卷之十三終

門人東莞張伯楨覆校

論語注卷之十四

南海康有爲學

憲問第十四

凡四十五章釋文凡四十四章朱子析作四十七章正義曰憲不稱氏疑此篇卽憲所記

○憲問恥子曰邦有道穀邦無道穀恥也史記引此憲作子思邦作國又下引子思曰克伐怨欲爲一章

憲原思名穀祿也言有道之國可仕而食其祿若無道之國靦顏朝列則爲可恥此與天下有道丘不與易相反蓋以救時爲心者則可就無道之國以立節爲志者則不宜立無道之邦義之淺深異也道大者宜學聖人否則當知此恥矣

子思曰克伐怨欲不行焉可以爲仁矣子曰可以爲難矣仁則吾不知也今本無子思曰此從史記弟子傳以史記爲今文必魯論也且有子思曰乃是合一章吳志鍾離牧傳注引此作原憲之問于孔子曰矣作乎子曰作孔子曰

子思憲字此亦原憲以其所能而問也克好勝伐自矜怨忿忌欲貪欲四者在人如大火奇毒爲害甚大禁制不易若能降伏可以爲難若仁則爲元德有惻怛之心博愛之理天地一體萬物同氣能制其魄者僅能克已自守尙未有益于人故未及能仁也故孔子云不知蓋以尊德性行仁爲學者日事擴充不必防檢而其道日大蓋魂自淸而魄自禁也以遏惡欲守義爲學者日事防制雖極力勉强而其道日隘學者根資不同皆可入道而行仁者遠矣孟子好貨好色與百姓同使有積倉而無怨曠得孔子已立立人已達達人之義故知苦心潔身之士絕已之欲而不能濟世非孔子所貴也

○子曰士而懷居不足以爲士矣

傳曰懷與安實敗名士當志大道尊德性則神明天游别有至樂下視人世宮室皆土壤腥膻也若仍懷居則必溺于體魄而無所

得于神明夫士之所貴者養神明也常人之所以賤者事體魄也
溺于體魄者只爲凡民而不得爲士矣
○子曰邦有道危言危行邦無道危行言孫
危高厲也孫卑順也厲行不隨俗順言以遠害繁露曰義不訕上
智不危身荀子迫脅于亂時窮居于暴國而無所避之則崇其美
揚其善違其惡隱其敗言其所長不稱其所短春秋于定哀多微
辭君子固有殺身成仁之時而亦有明哲保身之義風雨如晦獨
善其身行無所變苟無救于世而投身于凶爐以言賈禍亦智者
所不爲故言孫也聖人之道甚多要權其時地輕重大小各有當
也學者宜盡心焉
○子曰有德者必有言有言者不必有德仁者必有勇勇者不必有仁
有德者躬行心得之餘雖木訥而言必有中有言者挾才辯文詞
之美雖醞釀而行未必相符能言者或便佞口給而已仁者心無

私累故能見義必爲勇者動于血氣未必合于公理明有德有仁之能兼有言有勇也荀子非相篇法先王順禮義黨學者然而不好言不樂言則必非誠士也故君子之於言也志好之心安之樂言之故君子必辨又曰故仁言大矣起於上所以道於下正令是也起於下所以忠於上謀救是也故君子之行仁也無厭又性惡篇仁之所在无貧窮仁之所亡无富貴天下知之則欲與天下同苦之天下不知之則傀然獨立天地之間而不畏是上勇也二文並足發明世人多尚言勇而迂德仁故以此曉之

○南宮适問於孔子曰羿善射奡盪舟俱不得其死然禹稷躬稼而有天下夫子不答南宮适出子曰君子哉若人尙德哉若人史記弟子傳作南宮括說文羿作𢍏當是古文論語今不從陸德明于書無若丹朱傲作奡下文有傲虐是作不應有兩傲字則奡是人名即此也

南宮适即南容也按馬作南宮縚謚敬叔即仲孫閱也說文羿爲帝嚳射師天問稱堯時十日並出射九日而落之孟子稱逄蒙殺

之者說文引虞書若丹朱奡論語奡盪舟陸德明述之同即此管子曰若敖之在堯書傰罔水行舟是也或疑爲奡即象傲如鮌稱檮杌與丹朱爲二人則盪舟無據益滋訟耳若僞左傳有羿篡夏浞篡羿而浞子澆滅斟尋靡復夏事皆劉歆據竹書天問僞竄入之一發之于襄四年再証之于哀元年按史記夏本紀云仲康崩子相立相崩子少康立若有一朝中亡之事史遷豈有不知譬如王莽篡漢而作史者但書平帝崩光武立雖極空疏必無此理孟子稱羿爲逢蒙殺非浞也諸傳注之說因此紛亂皆不足信據也禹盡力溝洫故亦稱躬稼太古尙力故适稱羿奡有力者終死禹稷有德者終王不于其身必于其子孫适以孔子盛德無位借以重孔子者故孔子不荅而适識見如此其遠故稱其君子美其尙德孔子卒爲教主天下歸之眞有天下果如适言蓋德與力自古分疆而有力者終不如有德嬴政亞力山大成吉斯拿破侖之聲

靈必不如孔子及佛與耶蘇也此爲萬古德力之判案也

○子曰君子而不仁者有矣夫未有小人而仁者也

此合人心術行事言之君子心術固純于仁者然行事或偶失而爲不仁亦有之若小人心術既不仁則行事即有善行必不得爲仁矣故觀人者不當論一二行事而當別其人也

○子曰愛之能勿勞乎忠焉能勿誨乎

勞勉也勑也愛之至者欲其成就則勸勉之如慈父之教子督責備至忠之至者欲其無過則誨諫之如忠臣之諫君謇諤勤拳此乃人情之至非爲立義也

○子曰爲命裨諶草創之世叔討論之行人子羽脩飾之東里子產潤色之漢書人表作卑湛潛夫論風俗通有卑氏創釋文作刱

命者辭令此言外交之約章文辭也外交關係最重一字之失貽累國民無由改悔故必選合羣賢或外交專門之家或博學能謀

之士或老于政治之才斟酌損益然後詳審精密鮮有敗事也裨
諶以下四人皆鄭大夫草略也創造也謂造爲草藁也世叔游吉
也國語作子太叔世太字通故太室俑世室太子俑世子討尋究
也論講議也行人外交官子羽公孫揮修謂增損之飾謂節刷之
東里地名子產所居也潤色謂加以文采也鄭國之爲辭命必更
此四賢之手而成孔子善之故稱以爲外交之法
○或問子產子曰惠人也
子產之政不專于寬然其心則一以愛人爲主故孔子以爲惠人
蓋舉其重而言也子產爲政尙猛而孔子稱爲遺愛稱爲衆母蓋
服田疇教子弟一切猛舉皆以愛人諡爲惠人孔子眞知子產者
問子西曰彼哉彼哉
子西楚公子申能遜楚國立昭王而改紀其政亦賢大夫也然昭
王欲用孔子乃沮止之其後卒召白公以喪身禍國所謂自以爲

是不可入堯舜之道故但言彼哉而不贊一辭或曰鄭子西公孫夏也然人無可稱恐非也

問管仲曰人也奪伯氏駢邑三百飯疏食沒齒無怨言

人也猶言是可謂之人物也不關當時之治亂不足謂之人不繫一世之安危不足謂之人所謂焉能爲有焉能爲無者也若舉世變動舉世注仰功名不朽可謂之人與下章成人相類惟管仲可當之伯氏齊大夫名偃駢邑地名即那紀地爲襄公所遷者今山東青州府臨朐縣齒年也蓋桓公奪伯氏之邑以與管仲伯氏自知已罪而心服管仲之功故窮約以終身而無怨言荀卿所謂與之書社三百而富人莫之敢拒者即此事也諸葛廢廖立李平及諸葛死而思葛皆以功德服人之心管仲眞有存中國之功令文明世不陷于野蠻故雖奪人邑而人不怨言功業高深可爲一世之偉人也孔子極重事功累稱管仲極詞贊歎孟子則爲行教起

見宋儒不知而輕鄙功利致人才苶爾中國不振皆由于此

〇子曰貧而無怨難富而無驕易

處貧難處富易事境之常蓋處貧非樂天知命不能而處富則但知足好禮已可也但人當勉其難而無忽其易

〇子曰孟公綽爲趙魏老則優不可以爲滕薛大夫

公綽魯大夫孔子嘗稱公綽之不欲是也趙魏晉卿之家老家臣之長大家勢重而無諸侯之事家老望尊而無官守之責優有餘也滕薛二國名大夫任國政者滕薛國小政繁大夫位高責重然則公綽蓋廉靜寡欲而短于才者也人之才性各有短長當否當其才則見效違其性則失職此借公綽以論用人之宜也當列國競爭之世爲弱小衝要之官內治外交艱難繁劇非有專門應變之才不易勝任若以廉謹之人當之安得不覆餗故子產之强鄭實難于管仲之覇齊嘉裔之立意難于俾士麥之覇德也

○子路問成人子曰若臧武仲之知公綽之不欲卞莊子之勇冉求之藝文之以禮樂亦可以爲成人矣周生烈注卞亦作弁漢書東方朔傳作弁嚴子是曰今之成人者何必然見利思義見危授命久要不忘平生之言亦可以爲成人矣文選曹植責躬詩注沈約別范安成詩注引此曰上有子字文選鸚鵡賦李注引久要上有君子二字阮籍詠懷詩顏注引要作約

成人猶言全人武仲魯大夫名紇莊子魯卞邑大夫韓詩外傳新序有莊子勇事史記陳軫傳卞莊子有刺虎事後漢書班固崔駰傳同言兼此四子之長則知足以窮理潛足以養魂勇足以強身藝足以泛應而又節之以禮和之以樂使德成于內而文見乎外則才全德備渾然不見一善成名之迹中正和樂粹然無復偏倚駁雜之蔽其爲全人亦成矣蓋天之生人與人魂魄形體才力聰明實有令人人皆才全德備之質特世方幼稚教化未至故人皆偏憾不稱天性未成爲全人若當太平之世教化既備治具畢張

人種淘汰胎教修明人之智慧淡泊勇力藝能禮樂皆人人完備而後爲天生之成人也見利思義則廉節見危授命則忠烈久要不忘則誠信此皆子路所長而言必信行必果實士之末者然生當亂世治具未備科學未張有此獨行亦可爲成人之行矣蓋亂世人之資格與太平世人之資格迥遠聖人不得不因時世而節取之若成人之實則非令普天下人皆備智慧澹泊勇力藝能禮樂非治教之至也

○子問公叔文子於公明賈曰信乎夫子不言不笑不取乎明古讀如羊郎禮記雜記之公羊賈故公明高即公羊高

公叔文子衛大夫公孫拔也公明姓賈名文子爲人其詳不可知然必廉靜之士故當時以三者稱之

公明賈對曰以告者過也夫子時然後言人不厭其言樂然後笑人不厭其笑義然後取人不厭其取子曰其然豈其然乎皇本其言其笑其取下俱

有也字論衡儒增篇同知實篇引後皆作后
儒增篇知實篇竝作豈其然乎豈其然乎

朱子曰厭者苦其多而惡之之辭事適其可則人不厭而不覺其有是矣是以稱之或過而以爲不言不笑不取也然此言也非禮義充溢于中得時措之宜者不能文子雖賢疑未及此但君子與人爲善不欲正言其非也故曰其然豈其然乎蓋疑之也

○子曰臧武仲以防求爲後於魯雖曰不要君吾不信也

防地名武仲所封邑也以者不當以也後禮爲人後者爲之子立嗣也要有挾而求也武仲得罪奔邾自邾如防使臧爲以大蔡納請曰紇非能害也知不足也非敢私請苟守先祀無廢二勛敢不辟邑乃立臧爲致防而奔齊其辭甚卑人不知其要君孔子發其以邑爲要蓋誅意也此爲據亂立法

○子曰晉文公譎而不正齊桓公正而不譎漢書鄒陽傳引作法而不譎或是魯論

晉文公名重耳齊桓公名小白譎權詐也漢孫根碑蔡邕譎權二

主爲春秋霸主英名震于當時孔子因論其短長也晉文挾天子以令諸侯伐衛以致楚處處用術故孔子惡其譎而不正齊桓以衣冠會而不以兵車會問楚罪而拜王命葵丘五禁皆得公理故孔子美其正而不譎也

○子路曰桓公殺公子糾召忽死之管仲不死曰未仁乎

子糾桓公兄齊襄公無道鮑叔牙奉公子小白奔莒及無知弑襄公管夷吾召忽奉公子糾奔魯桓公先入而立使魯殺子糾而請管召召忽死之管仲請囚鮑叔牙言于桓公以爲相子路疑管仲失節事讐忍心害理不得爲仁也

子曰桓公九合諸侯不以兵車管仲之力也如其仁如其仁

桓公葵丘以前皆衣裳之會葵丘之後爲兵車之會呂氏春秋柯之盟莊公與曹劌皆懷劍刼盟夫九合之而合一匡之而匡皆從此生矣新序九合諸侯一匡天下功次三王爲五伯長本信起乎

柯之盟也九合自柯之後則兩鄄兩幽檉貫陽穀首戴甯母也不以兵車言不假威力也如乃也又再言以深許之蓋仁莫大于博愛禍莫大于兵戎天下止兵列國君民皆同樂生功莫大焉故孔子再三歎美其仁孟子之卑管仲乃爲傳孔教言之有爲而言也宋賢不善讀之乃鄙薄事功攻擊管仲至宋朝不保夷于金元左衽者數百年生民塗炭則大失孔子之教旨矣專重內而失外而令人誚儒術之迂也豈知孔子之道內外本末並舉而無所偏遺哉

○子贛曰管仲非仁者與桓公殺公子糾不能死又相之

子贛意不死猶可相之則已甚矣

子曰管仲相桓公霸諸侯一匡天下民到于今受其賜微管仲吾其被髮左衽矣

覇者有天下之別名但未一統革命廢王如希臘之代蘭得日本

之大將軍耳法之拿破侖似之即德之該撒受封教皇亦爲霸耳觀魯朝貢于晉而不朝貢于周可見蓋封建之世有此體後世無之今普爲德聯邦盟主禮與聯邦平等而稱該撒眞春秋之制也

匡正也微無也被髮編髮被之體後左衽襟向左夷狄之俗也夷狄不得亂中國諸侯不相尋兵伐保華夏之族存文明之化功德至大孔子自以爲受其賜蓋保種族教化之功莫尙焉後世若五胡不亂華金元不入中國文明之程度必不止此當時若有夷吾民亦至今受其賜也文明教化乃公共進化所關一亂則不可復若劉石之陷洛陽隋之破金陵金之入汴匈奴之入羅馬突厥之入君士但丁均于文明有損實爲天下之公罪有捍禦之者亦爲天下之公功微管之言稱許之至亦保愛種族文明之至宋賢妄攻管仲宜至于中原陸沈也

豈若匹夫匹婦之爲諒也自經於溝瀆而莫之知也後漢書引此莫上有人字

庶民一夫一妻而無妾故曰匹夫匹婦諒小信也經縊也莫之知人不知也中論召忽伏節死難人臣之美義也仲尼比為匹夫匹婦之為諒矣指召忽言之蓋身名小種族之文野大以管仲較之召忽則召忽行果節烈僅同匹夫匹婦之自縊而已蓋孔子之道貴仁有可以救人者則許之至于保救天下之文明則仁大莫京孔子自稱堯舜文王外未有若管仲者子路子贛泥于尋常之小節而責管仲孔子乃為比較其功罪是非而此義乃明蓋施仁大于守義救人大于殉死宋儒乃尙不知此義動以死節責人而不以施仁望天下立義隘陋反乎公理悖乎聖義而世俗習而不知其非宜仁義之日微而中國之不振然有管仲之才之功則可不死否則背君事仇貪生失義又遠不若召忽之為諒也

○公叔文子之臣大夫僎與文子同升諸公漢書古今人表作大夫選釋文又作撰子聞之曰可以為文矣

臣家臣大夫僎家大夫也檀弓陳子車死于衛其妻與其家大夫謀以殉葬是也公公朝謂薦之與已同進爲公朝之臣也文者順理而成章之謂謚法亦有所謂錫民爵位曰文者洪氏曰家臣之賤而引之使與已並有三善焉知人一也忘已二也事君三也亂世古俗崇世冑別人等以貴治賤不以賢治不肖孔子惡世爵而尙平等尊公理而重賢才故春秋譏世卿而王制立貢士天下爲公選賢與能文明之道也故曰可以爲文舉人才忘勢分平等級故孔子美之

○子言衛靈公之無道也康子曰夫如是奚而不喪皇本作子曰後漢書明帝紀注亦作曰字釋文子曰一作子言唐石經邢疏作子言皇本無道下有久字

孔子曰仲叔圉治賓客祝鮀治宗廟王孫賈治軍旅夫如是奚其喪

喪失位也仲叔圉卽孔文子也三人皆衛才臣賓客無違軍旅能整二者乃保國之要務若能治賓客而軍旅不修則弱國不能言

公法若能治軍旅而賓客多失則一國亦不能敵衆强若兵勢能强外交能講雖無內治亦足自保古者民愚以神道設教故巫覡之權甚大國民蓋聽命焉故宗廟鄭重爲內治之要此言任職得人雖無道可以保國若更有道其何敵焉

○子曰其言之不怍則爲之也難皇本作其爲之難

怍慙也凡爲一事必深計長慮思終防變故朝受命而夕飲冰至于內熱事成則有陰陽之患事不成則有人事之患其難其愼如此故倡言大難若大言不慙則其敢言之始已未計及條理曲折則難望其成功也

○陳成子弑簡公釋文弑本又作殺皇本作殺

成子齊大夫名恒簡公齊君名壬事在春秋哀公十四年

孔子沐浴而朝告於哀公曰陳恒弑其君請討之

是時孔子致仕居魯沐浴齊戒以告君重其事而不敢忽也臣弑

其君人倫之大變天理所不容鄰國自得干預其內事討其賊臣故夫子雖已告老而猶請哀公討之國語曰陳恒弑其君民之不與者半以魯之衆加齊之半可克也蓋孔子既明大義又審事勢非同迂儒但陳高義而已

公曰告夫二三子今本無二字皇本高麗本皆有二字下告夫三子者之三子告並同唐石經則惟此句有二字而下二句無之釋文之三子告本或作二三子告非也則釋文亦見別本但不取之今從唐石經

三子三家也時政在三家哀公不得自專故使孔子告之

孔子曰以吾從大夫之後不敢不告也君曰告夫三子者

孔子出而自言謂弑君之賊法所必討大夫謀國義所當告君乃無權而待命三家可爲歎恨也

之三子告不可孔子曰以吾從大夫之後不敢不告也皇本無也字

朱子曰以君命往告而三子魯之强臣素有無君之心實與陳氏聲勢相倚故沮其謀而夫子復以此應之其所以警之者深矣魯

事如此孔子亦知事必不行但不可不言以明大義也

○子路問事君子曰勿欺也而犯之皇本也作之

君尊而威故事君者皆外爲容悅而內懷欺詐勿欺則盡忠犯顔則直節易曰王臣謇謇匪躬之故

○子曰君子上達小人下達

君子尊魂神由淸明而進至于窮理盡性以合天小人用體魄由昏濁而日汚下至于縱欲作孽而速戾然罔念作狂克念作聖其終相去若天淵其始相去一間耳可不愼哉

○子曰古之學者爲已今之學者爲人

程子曰爲已欲得之于已也爲人欲見知于人也爲已者其終至于爲人爲人者其終至于喪已

○蘧伯玉使人於孔子

蘧伯玉衛大夫名瑗孔子居衛嘗主於其家

孔子與之坐而問焉曰夫子何爲對曰夫子欲寡其過而未能也使者出子曰使乎使乎

朱子曰與之坐敬其主以及其使也夫子指伯玉也言其但欲寡過而猶未能則其省身克己常若不及之意可見矣使者之言愈自卑約而其主之賢益彰亦可謂深知君子之心而善于辭令者矣故夫子再言使乎以重美之按莊周稱伯玉行年五十而知四十九年之非又曰伯玉行年六十而六十化蓋其進德之功老而不倦是以踐履篤實光輝宣著不惟使者知之而夫子亦信之也

○子曰不在其位不謀其政重出惟與下不出其位義同故舊本與下合爲一章以明素位不願外之意則正不妨重出所謂言之重詞之複其中必有美者存焉

○曾子曰君子思不出其位

此艮卦之象辭也曾子蓋嘗稱之位者職守之名各有權根不能出權根之外故政如農功日夜思之思其始而究其終責任所在

務以盡職則所思者亦以不越職爲宜如兵官專司兵事農官專司農事不得及宅乃能致精也若士人無位則天地之大萬物之夥皆宜窮極其理故好學深思無所不思思用其極程子曰能思所以然是天下第一等學人蓋學人與有位正相反也學者愼勿誤會

○子曰君子恥其言而過其行（皇本而作之行下有也字）

言大而夸行有不逮君子恥之蓋言易而行難故常欲言行相顧也

○子曰君子道者三我無能焉仁者不憂知者不惑勇者不懼子贛曰夫子自道也

自責以勉人也道言也自道猶云謙辭人之生世憂患迷惑恐懼乃共苦者極樂大明無畏乃神明之至人道之極得此則原始反終游魂爲變歷百千萬億世而無阻無害得其道者爲君子孔子

自謙未能，而子贛以爲自道。蓋孔子深得極樂之道，隨入何地，皆懽喜自得，而永解苦惱者也；備極大明，隨入黑暗，皆光明四照，而永無迷失者也；浩氣獨立，隨入危險，皆安定從容，而絕無畏懼者也。故仁、智、勇三者，乃度世之寶筏也。孔子之言道如此，學者宜亟求之，勿以爲佛氏之所同，而割人道之鴻寶，以自沈淪也。

○子贛方人。子曰：「賜也賢乎哉？夫我則不暇。」皇本作「賜也賢乎我夫哉我則不暇」。方人，鄭本作「謗人」。盧文弨《考證》爲古論，謂方與謗通。

方，比也。「乎哉」，疑辭。比方人物而較其短長，雖亦窮理之事，然專務爲此，則心馳于外，而所以自治者疏矣。孔子蓋欲子贛之反求諸已也。言汝身豈皆賢乎？我則自治之不暇也。聖人事事務內，蓋以明明德爲本，所以與俗學異歟。鄭作謗，《左傳》「庶人謗」，蓋言過失之事實爲謗，後世展轉易義，以謗同誣，故不用，或古論之異義也。

○子曰：「不患人之不已知，患其不能也。」皇本作「患己無能也」。

此章凡四見而文皆有異聖人於此一義蓋屢言之故記者亦並載之其丁寧反覆欲學者求已而不求人求能而不求知者至矣學者其可負聖人之諄諄乎

○子曰不逆詐不億不信抑亦先覺者是賢乎

逆未至而迎之也億未見而意之也人情固多詐多不信入世既深閱歷既久則若舉世皆惡人而處處先用其逆億矣此誠亂世之風也君子以誠待人不欲逆億惟有詐與不信來者皆先覺之蓋自誠而明有如此是乃爲賢者

○微生畝謂孔子曰丘何爲是栖栖者與無乃爲佞乎鄭作丘何是釋文作丘何本或無與字

孔子曰非敢爲佞也疾固也皇本曰上有對字

微生姓畝名也漢書古今人表作尾生晦師古曰卽微生畝也畝名呼夫子蓋耆老之隱淪亦創教者栖栖皇皇也佞悅也譏孔了

奔走欲爲佞以希世疾惡也固沈淪石隱也孔子以道濟天下極救生民故東西南北席不暇暖哀饑溺之猶已思匹夫之納隍天下有道丘不與易其悲憫之仁如此彼僅知潔身自愛者塞斷仁心豈不可疾哉數十年羈旅之苦車馬之塵萬世當思此大聖至仁之苦心也

○子曰驥不稱其力稱其德也

驥善馬之名德謂調良也驥雖有力其稱在德譬人有才而無德則亦不足稱也智伯有五才而卒以亡其國故德爲貴此明尚德之義

○或曰以德報怨何如

報復也或人老氏之徒也老子曰大小多少報怨以德老子之道皆不因天理加高深以行之佛氏耶氏亦然然老子以天地聖人皆不仁百姓萬物皆芻狗寃親平等故德怨可平等但使有以取

人則以德報怨可也以怨報德亦可也故但節取以德報怨一言似加常人一等安知其不含忍而以術取人其後報之尤烈也且彼云大小多少報怨以德則大怨亦報以德人殺其父彼亦孝事之如父于人心安乎于公理可行乎諸子創教其大謬多類此中國大害皆在老子其詳見吾難老一書

子曰何以報德

言于其所怨既以德報之矣則人之有德于我者又將何以報之乎若報怨以德報德以德則人施德者且怨其甚則無人以德施人是不可行也究親平等之高論非不能言無如無以報德一語可詰倒

以直報怨以德報德

表記曰以德報怨則寬身之仁也以怨報德則刑戮之民也又曰以德報德則民有所勸以怨報怨則民有所懲孔子亦未嘗不美

以德報怨者爲寬仁然不可立爲中道而責之人人蓋無以勸人將無以德施人其害必至毋不養子而人道可絕於其所怨者愛憎取舍一以至公而無私所謂直也于其所德者則必以德報之不可忘蓋施報者天人之公理孔子之大義父母之恩至隆亦不過爲報德而已故詩曰欲報之德昊天罔極又曰無言不酧無德不報彼以此來我以此往視其大小多少而因以報之理之至公所謂直也孔子之道不遠人因人情之至順人理之公令人人可行而已非有鑿而深之加而高之此所以爲中庸大道而天下古今所共行也孔子非不能爲高言也藉有高深亦不過一二人能行之而非人能共行亦必不能爲大道孔子卽不言之矣耶氏過仁亦以德報怨或以此尊之然實不能行則未知孔子中直之爲人道也

○子曰莫我知也夫

夫子自歎以發子贛之問也

子贛曰何爲其莫知子也子曰不怨天不尤人下學而上達知我者其天乎

不得於天而不怨天不合于人而不尤人下學人事而上達天命蓋巍巍蕩蕩民無能名即勉强稱之亦寡能稱天地之美神明之容神聖與天合德故惟天知之也至今泥小康之制而說以孔子爲小康泥形體之說而說以孔子不言神魂蓋數千年倘無知聖者宜孔子之發歎也

〇公伯寮愬子路於季孫子服景伯以告曰夫子固有惑志於公伯寮吾力猶能肆諸市朝

公伯寮亦門弟子字子周廣韻以爲魯大夫子服氏景謚伯字孟氏之族魯大夫子服何也夫子指季孫言其信伯寮之讒而恚子路也肆陳尸也言欲誅寮

子曰道之將行也與命也道之將廢也與命也公伯寮其如命何

孔子立命故易道之至則窮理盡性以至於命得之不得曰有命道之行與廢亦有命蓋自虞舜起匹夫而爲聖帝微子生王子而遭亡殷太公八十漁釣而成大業顔子之三十陋巷而遂夭死皆非人力所能爲也有天命在助我者命使之攻我者命致之故知命則不怨天不尤人矣孔子之待伯寮孟子之待臧倉皆歸之天命學者信得命過自能樂則行之憂則違之日日可栖皇以救人亦時時可優游以卒歳此所以爲聖人也

○子曰賢者辟世

天地閉賢人隱遯世沈冥與世長絶者也

其次辟地

去亂國適治邦

其次辟色

禮貌衰而去

其次辟言

有違言而後去也四辟者各視其遇淺深大小雖殊而時命大謬

則大隱中隱各行其當也

子曰作者七人矣

包氏咸曰作爲也爲之者凡七人謂長沮桀溺丈人石門荷蕢儀封人楚狂接輿鄭康成云伯夷叔齊虞仲辟世荷蓧長沮桀溺辟地柳下惠少連辟色荷蕢楚狂接輿辟言黃瓊應劭王弼則以逸民當之皆出古文家附會包氏爲今文先師故從焉

○子路宿於石門晨門曰奚自子路曰自孔氏曰是知其不可而爲之者與

石門地名晨門掌晨啓門蓋賢人隱於抱關者也自從也問其何所從來也晨門知世之不可而不爲者孔子斯人是與萬物一體

饑溺猶已悲憫爲懷慈父操藥以待子病其色噍然明知昏濁之世而後來救之故云天下有道丘不與易仁人之心不忍若是恝此所以爲聖人也知不可而爲晨門乃眞知聖人者不然齊景衞靈公之昏庸佛肸公山之反畔陳蔡之微弱衰亂此庸人之所譏聖人豈不深知而戀戀徘徊其愚何爲若是哉

○子擊磬於衞有荷蕢而過孔氏之門者曰有心哉擊磬乎荷釋文作何漢書古今人表作何蕢孔氏皇本作孔子

磬樂器荷擔也蕢草器也此荷蕢者亦隱士也聖人之心未嘗忘天下此人聞其磬聲而知之則亦非常人矣

旣而曰鄙哉硜硜乎莫已知也斯已而已矣深則厲淺則揭

硜硜石聲包氏咸曰以衣涉水曰厲揭揭衣也言隨世以行已若過水必以濟知其不可則當不爲此衞風匏有苦葉之詩譏孔子人不知已而不止不能適淺深之宜

子曰果哉末之難矣

與倮同決也果哉歎其果于忘世也末無也聖人心同天地視天下猶一家中國猶一人不能一日忘也故聞荷蕢之言而歎其果于忘世且言人之出處若但如此則亦無所難矣惟有不忍之心卽有不能已于斯人之與去之不可行之不能所以爲難聖人終其身于棲皇道不行而不悔蓋生生世世無盡無窮救人濟世亦無盡無窮故易既濟之後終于未濟聖人時時亦未濟處處不厭亦不捨所以爲孔子也

○子張曰書云高宗梁闇三年不言何謂也伏生大傳說命篇三引皆作梁闇伏生傳今文故從之今本作諒陰無逸作亮陰呂氏春秋作諒闇公羊何休注漢書五行志作涼亮涼諒皆梁音通陰與闇通卽今庵也

高宗商王武丁也書無逸篇梁闇天子居喪之廬名有梁而以草被之者

子曰何必高宗古之人皆然君薨百官總已以聽於冢宰三年

言君薨則諸侯亦然總已謂總攝已職冢宰太宰也百官聽于冢宰故君得以三年不言也三年之喪蓋孔子創制自天子至於庶民無貴賤如一以子生三年乃免于父母之懷所以報也古無定制禮稱至親以期斷周或以期乎其詳見宰我問三年章古者惟殷高宗嘗行三年喪此如宋文帝周武帝宋孝宗　國朝聖祖仁皇帝乃一賢主特行之故孔子錄以爲後法居喪專于哀慕故不言子張疑王者日有萬機不言則叢脞委積故疑而問之孔子創立三年喪故託之古制故謂古人皆然國制明備憲法修明人君端拱無爲冢宰奉行成法其有大事大政則集衆于庭而議之國民已治已安矣書曰納于大麓即聽于冢宰也後漢大喪以太傅錄尚書事即此制蓋立憲之國人君終身端拱而公舉冢宰聽政猶可也

○子曰上好禮則民易使也

禮典法律章程明備則名分權限有定各盡其國民天然之責任故當兵致死民且踴躍願爲之所謂易使也

○子路問君子子曰脩己以敬曰如斯而已乎曰脩己以安人曰如斯而已乎曰脩己以安百姓脩己以安百姓堯舜其猶病諸

修己以敬者常惺惺之謂明德常明大明終始子之言至矣其亦無所不舉矣子路勇者以爲未足告以安人蓋普天下之對待不過人與己而已內則修己外則安人已爲無盡之功子路至勇猶以爲未足告以安百姓姓者種族也百姓猶云萬種如今之白黃黑棕各種族人也不分種族皆與安平此堯舜猶病不能極言其難也安人小康之治也安百姓大同之治也而必始于修己以敬自明其明德而後明明德于天下也爲治無論如何務在安之而已安之必養其欲適其性因其情束縛壓制則不能安自由自立而後能安聖人所以爲聖曰思所以安人者而已

○原壤夷俟子曰幼而不孫弟長而無述焉老而不死是爲賊以杖叩其脛

原壤孔子之故人夷踞也俟待也夷俟疊韻與鞠躬之爲雙聲通見孔子兩足箕踞以待之也述猶稱也賊者害人之名脛腳骨也孔子旣責之而因以所曳之杖微擊其脛若使勿蹲踞然孔子德盛禮恭而原壤敢于夷俟此如子桑伯子不衣冠而見孔子蓋亦有道之士而放于禮教者母死而歌其別自立教可見孔子惡其敗常亂俗故名之爲賊而杖之蓋雖諒其本心無他而亦深惡其敗壞名教矣希臘之芝諾內士裸身處桶其亦原壤之流者歟

○闕黨童子將命或問之曰益者與漢書古今人表作厥黨當是古文家所改

闕黨黨名即闕里荀子儒效篇孔子居于闕黨闕黨之子弟罔不分有親者取多童子未冠者之稱將命謂傳賓主之言或人疑此童子學有進益故孔子使之傳命以寵異之也

子曰吾見其居於位也見其與先生並行也非求益者也欲速成者也

禮成人乃有位童子隅坐無位父齒隨行兄齒鴈行當差在後童子違禮求進但欲速成故使之給使令之役觀長少之序習揖遜之容蓋所以抑而教之非寵而異之也

論語注卷之十四終

門人番禺王覺任初校

門人高要陳煥章覆校

門人東莞張伯楨覆校

論語注卷之十五

南海康有爲學

衛靈公第十五

凡四十章 釋文凡四十三章邢本四十二章朱子四十一章

○衛靈公問陳於孔子孔子對曰俎豆之事則嘗聞之矣軍旅之事未之學也明日遂行 釋文作陣蓋晉時俗體今不從

陳謂行軍之陣列俎豆禮器兵陣凶器殺人之事不得已而用之治國當先以禮樂厚民靈公無道無志于化民而志于殺人旣見孔子不問禮而問兵又仰視蜚鴻色不在孔子此孔子所以立行所謂見幾而作色斯舉矣次辟色辟言也

在陳絕粻從者病莫能興 陳鱣古訓謂古論作糧鄭所注魯論作粻今本作糧蓋古論也故改從粻皇本作粮

鄭粻糧也史記楚昭王聘孔子陳蔡大夫忌之發徒役圍孔子於野不得行絕糧在哀六年興起也荀子宥坐篇孔子南適楚厄于

陳蔡之間七日不火食藜羹不糂弟子皆有饑色呂氏春秋莊子韓詩外傳說苑並同

子路愠見曰君子亦有窮乎子曰君子固窮小人窮斯濫矣

何晏曰濫溢也言君子固有窮時不若小人窮則放濫爲非荀子宥坐篇夫子告子路曰君子之學非爲通也爲窮而不憂困而意不衰也易于困卦象澤无水困君子以致命遂志史記稱孔子講誦絃歌不衰子路愠見子贛色作孔子知弟子有愠心乃召子路而問曰詩曰匪兕匪虎率彼曠野吾道非耶吾何爲于此子路曰意者吾未仁耶人之不我信也意者吾未知耶人之不我行也孔子曰有是乎由譬使仁者而必信安有伯夷叔齊使智者而必行安有王子比干子路出子贛入見孔子曰賜詩云匪兕匪虎率彼曠野吾道非耶吾何爲於此子贛曰夫子之道至大也故天下莫能容夫子夫子蓋少貶焉孔子曰賜良農能稼而不能爲穡良工

能巧而不能爲順君子能修其道綱而紀之統而理之而不能爲容今爾不修爾道而求爲容賜而志不遠矣子贛出顏回入見孔子曰回詩云匪兕匪虎率彼曠野吾道非耶吾何爲于此顏回曰夫子之道至大故天下莫能容雖然夫子推而行之不容何病不容然後見君子夫道之不修也是吾醜也夫道既已大修而不用是有國者之醜也不容何病不容然後見君子孔子欣然而笑曰有是哉顏氏之子使爾多財吾爲爾宰于是使子贛至楚楚昭王興師迎孔子然後得免告子贛一貫亦絕糧色見之時聖人履險如夷從容絃歌講學不輟蓋神明別有天游視人間之窮通皆如幻人之變化浮雲之來往自無所動其心宜其行所無事也

子曰賜也女以予爲多學而識之者與 依史記應合上爲一章

史記世家亦絕糧時所語子贛之學多而能識矣夫子欲其知所本也故問以發之

對曰然非與

方信而忽疑蓋其積學功至而亦將有得也

曰非也予一以貫之

物理萬殊非極博無以窮其變本原無二非合一無以致其通若未多識而遽言得一則空腹高心無以爲貫通之地若徒多識而不知一貫則散錢滿屋亦無以爲收拾之方孔子之道推本于元顯于仁智而後發育萬物峻極于天四通六闢相反相成無所不在所謂一以貫之告曾子之一貫就其道言告子贛之一貫就其學言

○子曰由知德者鮮矣

世人皆昏于利欲其有賢知不馳于外則騖于遠故求知德之人甚少其有篤行之士則行之不著習矣不察終身由之而不知其道若子路亦長于行而短于知者故呼而告之

○子曰無爲而治者其舜也與夫何爲哉恭己正南面而已矣漢書王子侯表引作共己蓋共與恭通

舜任官得人故無爲而治蓋民主之治有憲法之定章有議院之公議行政之官悉由師錫公舉得人故但恭己無爲而可治若不恭己則恣用君權撓犯憲法亦不能治也故無爲之治君無責任而要在恭己矣此明君主立憲及民主責任政府之法今歐人行之爲孔子預言之大義也

○子張問行

猶問達之意也史記弟子傳以子張從在陳蔡閒因問行

子曰言忠信行篤敬雖蠻貊之邦行矣言不忠信行不篤敬雖州里行乎哉

篤厚也蠻南蠻貊北狄古謂豸種也二千五百家爲州說苑敬愼篇顏囘將西遊問于孔子孔子曰何以爲身孔子曰恭敬忠信可以爲

身恭則免于衆敬則人愛之忠則人與之信則人恃之人所愛人所恃必免于患矣道行之而成凡可行者謂之道不可行者謂之非道故天下之言道甚多不必辨其道與非道但問其可行與不可行子張問行可謂切問孔子之言道只有忠信篤敬從之則蠻貊可行背之則州里不可行無他謬巧無他高奇而切于人事不可須臾離故曰道不遠人遠人不可以爲道也故孔子之道人格也公理也不可去者也

立則見其參於前也在輿則見其倚於衡也夫然後行皇本參下有然字行下有也字

參直于前也包咸曰衡軛也言思念忠信篤敬則常想見參然在目前在輿則若倚車軛蓋念茲在茲造次不離于忠信篤敬則于人間世無不可行孔子之立人道而鞭辟切近可謂至矣

子張書諸紳

紳大帶之垂者書之欲其不忘也子張雖才高而于忠信篤敬之訓信受持循如此可見爲學之切矣蓋忠信篤敬偶言之則極易終身行之則極難而稍涉苟且欺詐刻薄怠慢卽一步不可行矣故孔子之道至易至簡而至難至苦因人爲道而無能背者如天下有能離忠信篤敬而能行者則孔子之道息矣非然者則範圍曲成無能過者也何必神道設教矜奇怪以誘民哉

○子曰直哉史魚邦有道如矢邦無道如矢

史官名魚衛大夫名鰌如矢言直也史魚自以不能進賢退不肖既死猶以尸諫故夫子稱其直

君子哉蘧伯玉邦有道則仕邦無道則可卷而懷也唐石經後漢書周黃徐姜申屠傳序懷之作懷也今本作懷之從石經

伯玉出處合于道故曰君子卷收也懷藏也謂不仕而韜光養晦憂則違之也如於孫林父甯殖放弒之謀不對而出亦其事也聖

人之道闔闢甚多德備陰陽後賢之德陿小僅知一節之美若有此類者必稱史魚之直比干之死而譏蘧伯玉之巧容微子之失節矣所謂一曲之士不足以知神明之容天地之美也安能涵蓋天下哉

○子曰可與言而不與言失人不可與言而與之言失言知者不失人亦不失言今本不與下有之字皇本唐石經宋十行本岳珂本考文引古本足利本高麗本不與下無之字後漢安帝紀引亦無之字

言與不言皆無所失此必窮理甚深閱世甚熟知人甚哲而後能也然此爲事機關係言之失人則失機失言則僨事故不可不擇人而言若爲明道傳教則强聒不舍雖不得宜亦無害也

○子曰志士仁人無求生以害人有殺身以成仁仁唐石經作害人文選曹植贈徐幹詩注太平御覽四百十九亦引作害人今從之然人與仁通

志士守義之士仁人愛人之人也公羊殺人以自生亡人以自存

君子不爲無求生以害人也然人與仁通仁者近之爲父母之難遠之爲君國之急大之爲種族教宗文明之所繫小之爲職守節義之所關見危授命則仁成隱忍偷生則仁喪且魂氣無不之知氣在上神明雄毅在天爲神僅去形體如削爪髮又何傷乎若貪生忘義苟存視息則魂靈醜然先就澌滅哀莫大于心死而身死次之蓋身死者魂未嘗死也若魂死則無不死矣

○子贛問爲仁子曰工欲善其事必先厲其器居是邦也事其大夫之賢者友其士之仁者漢書梅福傳作厲其器今本厲作利惠棟九經古義以利爲古論馮登府異文考証以厲爲魯論今皇本仁者下有也字

賢以事言仁以德言言利器可以助用故機器既出世界一變益友可以輔德故仁賢熏染德性日新雖有良工無利器則拙苦而難成雖有志士無君子則孤陋而焉取此專以外物助成內德益知親師取友之要而風俗教化之切也夫子嘗謂子贛悅不若己

者故以是告之欲其有所嚴憚切磋以成其德也

○顏淵問爲邦

顏子日以道濟爲懷者故問治道

子曰行夏之時

夏時謂以斗柄初昏建寅之月爲歲首也夏禹所定夏小正所載是也天開於子地闢於丑人生於寅故斗柄建此三辰之月皆可以爲歲首天時周轉其道本圓無月不可爲正中國在大地赤道之北啓蟄生長在冬至之後順時授民夏時最宜周建子以十一月爲正月殷建丑以十二月爲正月孔子並立三正以待後王之變通而以夏時便民故取之今猶行之歐美以冬至後十日改歲則建子矣俄及回歷則建丑矣今大地文明之國仍無不從孔子之三正者若印度則與中國同行夏時矣其餘秦以十月則久不行波斯以八月則亦微弱馬達加斯加以九月緬甸以四月皆已

矣葢見大聖之大智無外也今諸經所稱自春秋外皆夏時也葢
孔子改制所定歷法
乘殷之輅釋文輅本亦作路
輅車輅前横木車名通作路殷輅木輅傳所謂大輅越席昭其儉
也孔子以身所乘車宜爲木車若有虞氏鸞車則有鈴周乘路則
有玉不若木車易製而通行也
服周之冕
包曰冕禮冠周之禮文而備取其黈纊塞耳不任視聽春秋繁露
三代改制質文篇首服有四有嚴員者有卑退者有員轉者有習
而垂旒者周乃卑退垂旒者葢亦三統之一但冕文美故首服宜
之孔子欲先行于當時也此三者皆禮也禮衣別異故法三代禮
不止此每代舉小康之制一所以通三統也
樂則韶舞

虞舜之樂戛擊鳴球搏附琴瑟以詠下管鼗鼓合止柷敔笙鏞以間簫韶九成是也蓋揖讓之和文明之至天下爲公最得中和樂之至也蓋樂主合同故孔子于六代之樂獨取民主大同之制董子稱春秋應天作新王之事時正黑統王魯尙黑絀夏親周故宋樂宜親韶武又云春秋作新王之事變周之制又曰有非力之所能致而自致者西狩獲麟受命之符是也然後託于春秋正不正之間而明改制之義務解天下所患而欲以上通五帝下極三王以通百王之道公羊所謂制春秋之義以俟後聖也世積久而弊生凡志士通人莫不有改制之意孔子以大聖損益百王折其中以推行于後世尤爲責無可辭仁不能已顏子有用行舍藏之學故孔子改制時與之商定樂制宜用某朝某物宜用某王雖皆出于前代實已定于新聖六經皆孔子改制所託此爲商定改制明據自劉歆篡聖多作僞經以攻孔子以孔子爲述而非作從周而

非改制于是孔子微言絕大義乖矣論語今文爲多幸有此微言可爲証據學者可以善推之矣

放鄭聲遠佞人鄭聲淫佞人殆

樂記鄭音好濫淫志蓋鄭國之音淫靡足以惑志佞人傾辨之士足以傾邦遠色去讒然後可以貴德也白虎通佞人當誅爲其亂善行傾覆國政故孔子誅少正卯若罪未成則當遠之春秋鄭聲如今法蘭西處于歐中最爲靡靡者惑于鄭聲則思淫惑于佞人則當危殆下篇所謂惡鄭聲之亂雅樂利口之覆邦家淫之害小殆則禍大

○子曰人無遠慮必有近憂皇本人下有而字

蘇氏曰人之所履者容足之外皆爲無用之地而不可廢也故慮不在千里之外則患在几席之下矣人之生也有身則有患有家則有累有國則有害而又非斯人無所與故愛惡相攻而吉凶生

情欲相感而利害生故與憂俱來出入以懼者也是故君子思患而預防之然猶變生不測禍來無方若無長計遠慮之思而漫爲猖狂妄行之事則憂患卽在目睫矣此爲愚人無遠慮者戒

○子曰已矣乎吾未見好德如好色者也皇本無乎字

已矣乎歎其終不得而見之也此義屢發蓋常人魄用事者多魂用事者少色之感目有電相吸攝故好之最甚哀帝乃欲讓位于董賢高緯乃甘一獵以亡國故人情之好未有好色之甚者雖有好德者終不如之也

○子曰臧文仲其竊位者與知柳下惠之賢而不與立也

竊位如盜得之也柳下惠魯大夫展獲字禽食邑柳下謚曰惠與立謂與之並立于朝臧氏世爲司寇文仲爲政時柳下惠止爲士師傳偁展禽譏文仲祀爰居文仲曰是吾過也季子之言不可不法也是知柳下之賢知賢不舉是蔽賢出于忮才忮才出于固位

故孔子惡之以爲竊位

○子曰躬自厚而薄責於人則遠怨矣春秋繁露仁義法篇引人作外論語述何曰春秋詳內小惡略外小惡之義

責己厚故身益修責人薄故人易從責己厚則人信其公責人薄則人服其寬有公與寬人被責亦不怨之

○子曰不曰如之何如之何者吾末如之何也已矣

所謂臨事而懼好謀而成也蓋人之生也與憂俱來處世之艱動生禍變故作爲者多憂患出入以度外內知懼生于憂患而後死于安樂若輕躁妄行動必得咎雖聖人至仁愛人亦無能救之也

○子曰羣居終日言不及義好行小惠難矣哉釋文慧音惠魯讀慧爲惠皇本作惠此依魯論改不知鄭君定讀已作慧也考文引古本作惠今本作慧乃古文今從魯論作惠

惠通慧晉語巧文辯惠則賢後漢書孔融傳將不早惠乎注惠作慧列子秦人逢氏有子少而惠皆與慧義同小惠巧辯也言不及

義則放辟邪侈之心滋好行小惠則行險僥倖之機熟難矣哉者言其無以入德而將有患害也今世無教滔滔皆是雖有志士欲救正之而畏其利口之指摘險詐之相傾此其風俗之可憂人種之貽害甚矣

○子曰義以爲質禮以行之孫以出之信以成之君子哉鄭注無君子字釋文本或無君子二字孝經三才章疏引此文亦無君子二字今本有君子字則下文何用君子哉必衍文也

朱子曰義者制事之本故以爲質幹而行之必有節文出之必以退遜成之必在誠實乃君子之道也此爲君子行事之法行一事之始終本末如此若不言事而言心則立心之大本在仁也至于行事則必以義爲質而後能隨時得宜無禮則不文而寡滋味不孫則人忌之而阻力生不信則不堅而隳壞矣故義禮孫信闕一不可

○子曰君子病無能焉不病人之不己知也

人心思耳目之不足病廢也心思耳目之無能亦病廢也故君子以無能爲病專門以致精多才以爲富日求諸已而不急求人知不見是而无悶不以爲病焉此君子所以與無實而求名者異也

○子曰君子疾没世而名不稱焉

没世猶没身也名者身之代數也有是身乃有是名有其實乃有其華然身不過數十年名可以千萬載身者必死之物名者不朽之事身者血肉無知之軀名者光明無極之榮則代數反較眞數而尤重焉有身之時人尚有待無名猶可至没世之後草木同腐魂魄並逝則顧念生前淹忽隨化未有不以榮名爲寶者名在則其人如在雖隔億萬里億萬年而丰采如生車服爲之流連居游爲之慨慕輯其年譜考其起居薦其馨香頌其功德稱其姓號愛其草木其光榮過于有身時萬萬故没世無稱君子以爲疾也名蓋孔子大義重之如此宋賢固篤于務實者而惑于道家之攻名

至使天下以名爲不肖人乃不好名而好利于是風俗大壞此則背孔子之義矣

○子曰君子求諸己小人求諸人

中論貴驗篇子思曰事自名也聲自呼也貌自眩也物自處也人自官也無非自己者君子力學自修凡才能職業無事不求諸己小人騖外干譽凡營結請託無事不求諸人欲知君子小人之分則觀其所求而已君子亦有求但求諸己則無求人也人與己孰親不求己而求人此小人之愚也

○子曰君子矜而不爭羣而不黨

矜棱廉羣合衆也人各受天之才智聰明宜各獨立以上承天若不能自立而隨人則所執下人不能不與人交接和會故宜合羣以大同人若不能得衆而失人則其勢孤但自立而不犯人則無所爭合羣而不偏比則無所黨矜與爭羣與黨相似但犯人之自

由則不公有所偏黨則合羣反不大耳孔子固非以黨爲不可也不又曰吾黨之小子乎

○子曰君子不以言舉人不以人廢言

包曰有言者不必有德人固有能言不能行者又有言甚淸而行甚濁者採其言可也若遂用其人則恐僨事矣言有合于道有益于時則芻蕘可採陽虎可引不必問其人也若因人而棄之則慮失良策矣此爲聽言者法蓋言自言人自人本不相關也

○子贛問曰有一言而可以終身行之者乎子曰其恕乎己所不欲勿施於人 皇本行下無之字人下有也字

天下之人物雖多事理雖繁而對待者只人與己有所行者應人接物亦不外人與己之交而已己人也人亦人也此心同此理同性情或異嗜好或殊旣同爲人當不相遠故道本諸身欲徵諸己己所欲者與人同之己所不欲者則勿施于人推己及人如心而

出反諸至近而可行諸至遠蓋萬物同原人己一體至淺之理而爲極善之方萬理無逾于恕者人道可以終身行之四海通之萬世從之者也夫子不言己之所欲推以與人而言不欲勿施者蓋順以推恩己所易爲逆施所不欲人所難受不受則不能行爲仁言則欲立立人爲先爲行計則不欲勿施爲要道本相同而義各有宜也

○子曰吾之於人也誰毀誰譽如有所譽者其有所試矣魏志胡質傳引無也者矣字漢藝文志谷永傳薛宣傳引無者矣字

包曰所譽者輒試以事不虛譽而已朱子曰毀者稱人之惡而損其眞譽者揚人之善而過其實夫子無是也然或有所譽者則必嘗有以試之而知其將然矣聖人善善之速而無所苟如此若其惡惡則已緩矣是以雖有以前知其惡而終無所毀也

斯民也三代之所以直道而行也漢書景帝紀贊引民下無也字所下無以字論衡率性篇非韓篇引

三代下無之字

斯民者言今之人種也三代夏商周也直道之風自古相傳美化流行故人種良善吾更不敢顛倒是非以損人種蓋人之生也直宜共養此直心直道以培良種人種良則太平自易致也劉氏逢祿述何曰春秋不虛美不隱惡褒貶予奪悉本三代之法

○子曰吾猶及史之闕文也有馬者借人乘之今亡矣夫皇本今下有則字朱子集注本矣誤作已

史闕文者不敢用己私意穿鑿附會之也馬借人者貨惡其棄于地不必藏于己也蓋舊俗渻厚猶有無我大同之意孔子歎當時俗薄史必穿鑿馬必自私蓋有我太多則可小康而日遠于大同矣許慎說文敘云詭更正文鄉壁虛造不可知之書以燿于世

○子曰巧言亂德小不忍則亂大謀

巧言辭之極能變亂是非使人大惑而說從小不忍如婦人之仁

匹夫之勇一時小動而大謀因此而移遂至喪國亡家如劉備不能忍吳殺關羽而伐吳幾以亡蜀曹彬不能忍白重進之進兵而討遼遂覆全師則匹夫之勇也若苻堅之放慕容垂姚萇而召亂則婦人之仁矣若以狙詐爲忍則又非聖人之用心漢書李尋傳執乾剛之德勉強大誼絕小不忍是也

○子曰衆惡之必察焉衆好之必察焉潛夫論宋葛洪涉史隨筆王氏論語辨惑司馬温公論選舉狀議貢舉狀王臨川答段縫書均引衆好句在衆惡前風俗通義正失篇羅隱兩同書眞僞章好作善亦衆善句在前鄭王氏傳亦然唐石經以衆惡在上故從之

王肅曰或衆阿黨比周或其人特立不羣故好惡不可察也梁劉孝綽謂孤特則積毀所歸比周則積譽斯信蓋道高則召毀媚世則得名輿論似公未可爲憑不可漫聽而附和之必察之乃得其眞蓋庸耳俗目本無卓識以同己爲賢以異己爲不肖獨行高世之士必見疑怪故貴于深求而察之孟子于匡章察之于衆惡

孔子之于臧文仲少正卯察之于衆好者

○子曰人能弘道非道弘人皇本弘人下有也字

弘廓而大之也漢書平當傳說衰微之學興廢在人引此蓋人心有覺而道體無爲故人能大其道道不能大其人也張子曰心能盡性人能弘道也性不知檢其心非道弘人也凡教亦爲人傳而光大之否則教雖美善亦不能自大也觀耶與佛而可見可不鑒哉

○子曰過而不改是謂過矣

過而能改則太空無雲復其見天地之心矣唯不改則長存渣穢其過遂成而將不及改矣

○子曰吾嘗終日不食終夜不寢以思無益不如學也

賈子新書學聖王之道者譬其如日靜思而獨居譬其若火可以小見而不可以大知此爲思而不學者言之蓋勞心以必求不如

學古而有獲也然思學不可偏廢孔子不云學而不思則罔乎不學無以入不思無以出始則以學爲先終則以思爲貴洪範曰思曰睿睿作聖故思爲最重此有爲之言讀者勿泥也

〇子曰君子謀道不謀食耕也餒在其中矣學也祿在其中矣君子憂道不憂貧潛夫論讚學篇引此與上吾嘗終日不食爲一章當時篇簡相連未分別也

耕說文以牛犂田也餒饑也耕所以謀食而未必得食學所以謀道而祿在其中然學也者明其道正其誼而非爲謀利也故憂道之不明憂道之不行而未嘗以貧爲憂常人戚戚憂貧故皇皇謀利而未見利之可得君子皇皇謀仁義未嘗謀利而富貴乃爲君子所有此勸人擇術務其上者可不求其下得其本者可不恤其末也樊遲請學稼沮溺丈人荷蕢皆隱于耕蓋士不易得祿故皆躬耕而廢學故孔子戒之今之人士多營農商而廢學亦孔子所戒也

○子曰知及之仁不能守之雖得之必失之

知足以知大理而私欲間之則無以有之於身矣蓋有大智慧能創之而行不能赴者亦不能成也

知及之仁能守之不莊以涖之則民不敬

涖臨也謂臨民也知大理而無私以間之則知慧德行皆相赴而大業可成然或游戲人間玩世不恭若子桑伯子之不衣冠而處原壤之登木而歌不莊以涖之則民慢而不敬如賣漿者之與楊朱爭席則道不尊矣

知及之仁能守之莊以涖之動之不以禮未善也

動之動民也禮謂威儀文章智仁爲行政立教之道莊禮爲行政立教之方有內而無外有本而無末道終不完故孔子之道本末精粗其運無所不在此所以育萬物而爲神明聖王也佛亦有八萬四千威儀乃成大教蓋動民必在外貌故有智仁之妙盡美矣

無威儀文章以動人終未盡善也包氏以爲爲在位者言

○子曰君子不可小知而可大受也小人不可大受而可小知也

此言觀人之法知我知之也受彼可受也蓋君子于世事未必過人而材德足以任重小人雖器量淺狹而未必無一長可取龐士元之紬于爲令而展于治蜀黃霸之以太守著循聲而爲相無治效是也騏驥捕鼠不如狸而可以一日千里棟梁厠齒不如鐵而可爲清廟明堂材器大小各有其分用人者宜因材器使勿以小節輕量人才亦勿以一能誤爲大器

○子曰民之於仁也甚於水火水火吾見蹈而死者矣未見蹈仁而死者也

蹈踐也水火民所賴以生不可一日無也於仁亦然但水火在外仁則在己無水火不過害人之身而不仁則失其心蓋人者仁也不仁則非人矣故尤甚于水火而不可須臾離造次顛沛去者也

況用水火者少誤或至殺人用仁則己愛人人亦愛己益莫大焉此生生之公理無有死者則人何不爲仁哉蓋勉人之急于仁也

○子曰當仁不讓於師

當田相値也禮尚辭讓獨至於爲仁之事則宜以爲己任勇往當之無所辭讓卽至于師亦不必讓師不爲則己爲之不必避長者也師止于是己可過之不必待長者也乃至博施濟衆有益人道之教治藝樂者皆可自由而爲之雖過于師可也蓋仁者人也師之所以教者仁而已上達造極乃人道之進化師意所期望也

○子曰君子貞而不諒

貞正也諒直也不擇是非而必于信言君子守正言不必信惟義所在鄉曲尚氣之人亦重然諾而多不出于正故孔子屢言信近於義豈若匹夫匹婦之爲諒及貞而不諒所以防之

○子曰事君敬其事而後其食郡齋讀書志載蜀石經作敬其事而後食其祿是後人依注妄增

朱子曰後與後獲之後同食祿也君子之仕也有官守者修其職
有言責者盡其忠皆以敬吾之事而已不可先有求祿之心也

○子曰有教無類

聖人以濟人爲事故立教也欲人人皆明其明德人人皆得爲聖
人故無論種類之高下智愚而皆教之無所別擇收之爲徒視之
猶子此聖教所以爲大也子張魯之大駔而教之爲士焉互鄉之
童子而與其進醫門多疾病大匠多曲木人雖有類是在教者陶
鑄爲一至于無類也類從犬無類者雖衆生亦兼化之也

○子曰道不同不相爲謀

不同如教派殊異趣嚮殊科如老學養生而教以殺身成仁釋氏
出家而謀其娶妻傳後皆相反太遠不能爲謀聖人蕩蕩如天九
流並湊各擇其長吹萬不同聽其自己

○子曰辭達而已矣

辭取達於事物之理彼我之意不可艱深亦不尙佞給也然辭達亦不容易非積理極深閱事極多者不能深透乃可謂達簡練不足當之孔子言鄭入陳非文辭不爲功愼辭哉勿輕視也

○師冕見及階子曰階也及席子曰席也皆坐子告之曰某在斯某在斯顏師古注漢書人表作師免則唐初本冕或作免

師樂師瞽者冕名再言某在斯歷舉在坐之人以詔之

師冕出子張問曰與師言之道與

聖門學者於夫子之一言一動無不存心省察如此

子曰然固相師之道也

相助也古者瞽必有相其道如此聖人矜無告而哀困窮非作意而爲之自然盡其道而已

論語注卷十五終

門人贛縣王德濬初校

門人高要陳焕章覆校

門人番禺王覺任覆校

門人東莞張伯楨覆校

論語注卷之十六

南海康有爲學

季氏第十六 此篇或以爲齊論

凡十四章

〇季氏將伐顓臾

顓臾國名臣屬魯爲附庸季氏貪其土地欲滅而取之

冉有季路見於孔子曰季氏將有事於顓臾

柳下惠所謂伐國不問仁人問猶不可況見于行事乎孔子素惡伐人國二子爲季氏宰知之故告孔子

孔子曰求無乃爾是過與

冉求爲季氏聚斂尤用事故夫子獨責之

夫顓臾昔者先王以爲東蒙主且在邦域之中矣是社稷之臣也何以伐爲 釋文邦或作封皇本作何以爲伐也

詩錫之山川土田附庸魯附庸甚多自向爲莒入宿被宋遷魯又滅項取須句取邿取鄟取鄫取卞皆附庸也惟顓臾在耳東蒙山名先王封顓臾於此山之下使主其祭在魯地七百里之中社稷猶云公家是時四分魯國季氏取其二孟孫叔孫取其一獨附庸之國尚爲公臣季氏又欲取以自益故孔子言顓臾乃先王封國則不可伐在邦域之中則不必伐是社稷之臣則非季氏所當伐也此事理之至當不易之定體

冉有曰夫子欲之吾二臣者皆不欲也

夫子指季氏當時冉有或與聞之而不强諫

孔子曰求周任有言曰陳力就列不能者止危而不持顛而不扶則將焉用彼相矣 焉用漢書王嘉傳引作安用

周任古之良史陳布也列位也言當陳布才力度已所任而後就位相瞽者之相也言二子不欲則當諫諫而不聽則當去也包咸

曰輔相人者當持危扶顛若不能何用相爲此言爲相必受責任失職則去也

且爾言過矣虎兕出於柙龜玉毀於櫝中是誰之過與皇本出下毀下無於字釋文柙本又作匣漢書文三王傳引亦作匣櫝魏志引作匵

兕如野牛也一角重千斤柙檻也櫝匵也言在柙而逸在櫝而毀典守者不得辭其過明冉子居其位而不去則季氏之惡已不得不任其責也

冉有曰今夫顓臾固而近於費今不取後世必爲子孫憂釋文本無後世引或本有之後漢書臧宮傳註引亦無後世字

固謂城郭完固費季氏之私邑子路正直未聞一言冉有徇于季氏故孔子獨責之三呼求責之深矣其後卒不聞伐顓臾之事蓋冉有藉于孔子之責力諫季氏而不爲歟

孔子曰求君子疾夫舍曰欲之而必爲之辭皇本而必下有更字

欲之謂貪其利

巨也聞有國有家者不患寡而患不均不患貧而患不安蓋均無貧和無寡安無傾

寡謂民少貧謂財乏均謂各得其分安謂上下相安季氏之欲取顓臾爲寡與貧耳然是時季氏據國而魯公無民則不均矣君弱臣强互生嫌隙則不安矣均則不患于貧而和和則不患於寡而安安則不相疑忌而無傾覆之患此言近雖爲季氏發然太平大同之治亦不過均而已均則無貧今各國人羣會黨宗旨不出于此豈非至言乎

夫如是故遠人不服則脩文德以來之既來之則安之來之趙岐孟子章指引作懷之

內治修然後遠人服有不服則修德以來之亦不當勤兵於遠周語有不祭則修意有不祀則修言有不享則修文有不貢則修名

有不王則修德

今由與求也相夫子遠人不服而不能來也邦分崩離析而不能守也

子路雖不與謀而素不能輔之以義亦不得謂無罪故並責之遠人謂顓臾分崩離析謂四分公室家臣屢叛

而謀動干戈於邦內吾恐季孫之憂不在於顓臾而在於蕭牆之內也邦內鄭本作封內顓臾上釋文唐石經高麗本有於字隸釋載漢石經殘字及宋本蕭牆上有於字今本無兩於字盡毛包周無於字世行本依四家牆漢石經作廧四家寫本或誤仍以石經可信據

干楯也戈戟也鄭氏曰蕭肅也牆屏也言不均不和內變將作其後陽虎公山內叛果禍發蕭牆如孔子言

○孔子曰天下有道則禮樂征伐自天子出天下無道則禮樂征伐自諸侯出自諸侯出蓋十世希不失矣自大夫出五世希不失矣陪臣執國命三世希不失矣

政出天子此撥亂制也王制諸侯不得變禮樂專征伐陪臣家臣也逆理愈甚則失之愈速大約世數不過如此蓋生人之始爲獨人漸以聚族而爲族長之世又以力爭長而爲酋長之世道路漸通制作漸備則合諸酋長而爲統一之世孔子生當撥亂族長互爭酋長互爭而民殆矣觀春秋戰國無歲不戰民苦于兵暴骨如莽故非抑族長去酋長而統一之不能安民上古族長春秋之大夫也中古酋長春秋之諸侯也故春秋誅大夫刺諸侯而務一統于天子凡物散則必歸之于一乃無患故孟子曰定于一漢唐之後中國一統封內晏然民多老死不見兵革此孔子抑諸侯大夫陪臣而統之以天子之功所以撥亂世一定之序也自平王東遷周王守府諸侯力政霸者專征故晉文之後至襄靈成景厲悼平昭頃定十世而霸權失于吳十一世至出公而見逐於韓趙魏智氏所謂十世希不失由此推之一統之君主專制百世希不失蓋

由亂世而至升平則君主或爲民主矣大地各國略近三千年皆大變亦自然之數也故孔子言繼周百世可知言百世之後如夏商周君主之治也

天下有道則政在大夫今本有不字衍據舊本改定

政在大夫蓋君主立憲有道謂升平也君主不負責任故大夫任其政

天下有道則庶人議今本有不字衍據舊本改定

大同天下爲公則政由國民公議蓋太平制有道之至也此章明三世之義與春秋合惟時各有宜不能誤用誤則生害當其宜皆爲有道也洪範稱謀及庶人庶人從謂之大同傳稱士傳言與夫建鞀設鐸皆欲庶人之議若如今本庶人不議則專制防民口之厲王爲有道耶與羣經義相反冈知爲衍文之誤也或後人妄增

○孔子曰祿之去公室五世矣政逮於大夫四世矣故夫三桓之子

孫微矣

鄭氏玄曰言此之時魯定公之初魯自東門襄仲殺文公之子赤而立宣公于是政在大夫爵祿不從君出至定公爲五世矣按自季文子始專國政歷武平至桓子凡四世而爲家臣陽虎所執三桓仲孫叔孫季孫蓋至定哀時陪臣執政而三桓並微也下凌上替互相師學義既不安勢不能久故曹操簒漢而司馬旋踵而攘之桓玄劉裕蕭道成卽逐其後皆理勢之自然也愈變而祚愈短也

○孔子曰益者三友損者三友友直友諒友多聞益矣友便辟友善柔友便佞損矣高麗本經注作便僻後漢書爰延傳注太平御覽交友部同

友直則聞其過友諒則進于誠友多聞則進于明便圜熟也便辟謂巧避人之所忌以求容而不直後漢書佞幸傳贊咎在親便嬖所任非仁賢是也善柔謂工于媚悅而不諒便佞謂習於口辯而

無學三者損益正相反也尹氏曰自天子以至于庶人未有不須友以成者而其損益有如是者可不謹哉

○孔子曰益者三樂損者三樂樂節禮樂樂道人之善樂多賢友益矣樂驕樂樂佚游樂宴樂損矣皇本佚作逸宴與燕通

節謂制度聲容之節處位不端受業不敬言語不序聲音不中律進退節度無禮升降揖讓無容周旋俯仰視瞻無儀安顧咳唾趨行不得色不比順不節于禮樂也驕樂則侈肆佚游則惰慢宴樂則淫溺所謂宴安酖毒三者損益亦相反也節禮樂謂以禮樂之中和自節其身也道人善則獎勵誘勸而為善者多則已亦熏陶進德而不自知多賢友則夾輔染化而日進果能樂三益則自為君子人矣若樂驕樂佚游宴樂則身心日放侈不見其損而日損矣驕樂佚游宴樂乃人情所共樂者不受以節而偏樂之則上損德心下損精神

○孔子曰侍於君子有三愆言未及之而言謂之傲言及之而不言謂之隱未見顏色而言謂之瞽躁魯讀作傲鹽鐵論孝養篇言不及而言者傲也可証魯讀知躁是僞古文改今不從言及之而不言皇本無不言

君子有德位之通稱愆過也傲不讓也瞽盲也日與羣小則不見其過近於君子則易形其愆知愆則可改之而德進矣故人必事君子而後寡過自能察言觀色時而後言

○孔子曰君子有三戒少之時血氣未定戒之在色及其壯也血氣方剛戒之在鬬及其老也血氣既衰戒之在得

此言持戒之事戒淫戒忿戒貪三者皆人所不免有體魄即有斯欲雖君子亦不能外焉以人爲血氣所成無血氣則不能爲人有血氣即爲所動血氣愈盛制之愈難惟魂極清明存養有素視如大火怨賊毒蛇猛虎極意克制乃能不爲血氣所用而克全戒行也而血氣用事又有三時自三十以前血氣充陽于下其患好淫

其戒宜在色自五十以前血氣騰滿于上其患好忿其戒宜在鬭自五十以後氣血衰敗老病侵尋無向上之心有慮後之意其患好貪其戒宜在得色鬭得三好爲人所共有少壯老之戒時各有宜當其時尤宜競競持戒也淫忿貪三者雖粗而極難脫去孔子諄諄教學者以持戒稍不自持終身隳壞不可不謹守焉

○孔子曰君子有三畏畏天命畏大人畏聖人之言

畏天命者上帝臨汝無貳爾心也大人教主易大人與天地合德與四時合序先天而天弗違後天而奉天時非聖人爲教主者而何亦有作君上有位禮運大人世及以爲禮士相見禮與大人言言事君左傳閔子馬曰夫必多有是說而後及其大人穀梁曰人于天也以道受命不若于道者天絶之也故天子不能奉天之命則廢而稱公王者之後是也繁露郊語篇引此文云以此見天之不可不畏敬猶主上之不可不謹事不謹事主其禍來至顯不畏

敬天其殃來至闇闇者不見其端若自然也由是觀之天殃與上罰所以別者闇與顯耳孔子同之俱言可畏也又曰天地神明之心與人事成敗之真惟聖人能見之聖人者見人之所不見者也故聖人之言亦可畏也又曰魯宣違聖人之言變古易常而災立至亦以禍福言

小人不知天命而不畏也狎大人侮聖人之言

侮戲也大人者受天命而爲君師聖言者代天命以宣意君子以畏天之故故從天而畏之小人不知畏天命故狎大人而遭刑戮侮聖人言以違大道

○孔子曰生而知之者上也學而知之者次也困而學之又其次也困而不學民斯爲下矣

困謂困苦也人之資質有此四等生而知之者晶光如日照燿洞然蓋夙根久遠歷世不忘者也學而知者灼爍如電光芒相觸盖

夙慧亦深觸發如舊者也困而學之者然燈爲明亦復能照蓋夙根輕微資今培養者也困而不學如頑石闇鈍絶無夙根故與學不入癡愚闇昧爲民中之下者然生資者天也好學者人也好學則困知與生知成功如一蓋同有明德皆可証聖惟不學則永永隳落無從超拔矣孔子雖言此而意在勤學也

○孔子曰君子有九思視思明聽思聰色思温貌思恭言思忠事思敬疑思問忿思難見得思義

視明則無所蔽聽聰則無所壅色見于面者忌冷而貴温貌舉身而言忌慢而貴恭忠則言精切而竭盡敬則事詳審而不敗問則疑不蓄思難則忿必懲思義則得不苟九者蓋皆人事之要日用之常以此日省可謂近思孔子示人檢身思慮之法至爲詳明爲人格中不可少闕者施之四海而準者也

○孔子曰見善如不及見不善如探湯吾見其人矣吾聞其語矣

採摸取也眞知善惡而誠好惡之如子路之勇可當之矣
隱居以求其志行義以達其道吾聞其語矣未見其人也
志者救天下之志道者濟天下之道若伊尹之耕莘則樂堯舜之道以天下自任其隱居所求如此相湯而行堯舜之道則伐夏救民其行義所達如彼孔子時未見其人蓋撥亂反正春秋時惟孔子耳餘無其人
○齊景公有馬千駟死之日民無德而稱焉伯夷叔齊餓於首陽之下民到于今稱之其斯之謂與皇本德作得
鄭氏曰首陽山在河中蒲阪城南朱子以爲第十二篇錯簡誠不以富亦祇以異似當在此句之上言人之所稱不在于富而在于異而章首當有孔子曰字蓋闕文耳大抵此書後十篇多闕誤駟四馬也千駟凡四千匹富之至也首陽山名伯夷叔齊不食周粟採薇于首陽山而食之至于餓死窮之至也而千秋之後夷齊與

日月同光齊景與草木同腐君圭之貴不如餓死固知人之所貴在德而不在富貴也孔子大聲疾呼其誘世覺民發聾警聵可爲至矣

○陳亢問於伯魚曰子亦有異聞乎

亢以私意窺聖人疑必陰厚其子

對曰未也嘗獨立鯉趨而過庭曰學詩乎對曰未也不學詩無以言鯉退而學詩他日又獨立鯉趨而過庭曰學禮乎對曰未也不學禮無以立鯉退而學禮聞斯二者皇本不學詩上有曰字言下有也字二者下有矣字

言行爲人道之大日用之切而詩以理性禮以道行爲言行之法詩備列國風俗政治之故又多鳥獸草木之名觸物造端比興諷諭情深而文明辭曲而意達其感人也深故學之者能言禮備君臣上下父子兄弟夫婦朋友班朝治軍涖官行法之文進退應對周旋揖讓趨翔之節義理燦著品式詳明其修己也敬故學之者

能立六經皆孔子所作而詩禮作自早年故教伯魚以此教門人以此蓋至切要矣當獨立之時所聞不過如此其無異聞可知

陳亢退而喜曰問一得三聞詩聞禮又聞君子之遠其子也

父子者傳形者也師弟者傳魂者也立教者教魂而非教魄魄則子爲獨親魂則賢爲相得故傳道者以才爲主而不在形子而才也則子思爲傳道之宗子其不才也則丹朱商均亦不在見知之列但一人之傳魄必不及天下之英才故傳道以徒爲多而教者則子與徒同本無陰厚其子之心更無故遠其子之意陳亢之私測皆非也佛子羅雲阿難皆爲徒而傳道者則在文殊普賢孔子以伯魚爲子而傳道者則在顔子而子思亦預焉其義一也

○邦君之妻君稱之曰夫人夫人自稱曰小童邦人稱之曰君夫人稱諸異邦曰寡小君異邦人稱之亦曰君夫人皇本亦曰君夫人下有也字

此詳邦君之妻稱謂妻齊也言夫婦平等無尊卑也春秋時嫡

妾之禮不正多以妾爲夫人故左傳記魯文公二妃齊桓三夫人鄭文公有夫人芊氏姜氏宋平公納其御步馬者稱君夫人君稱之曰夫人尊夫人别嫡庶也小童者謙未成人也論語記義不記曲禮似記文錯簡在此而寫者誤附焉今亦降寫附錄于此而明非論語焉

論語注卷之十六終

門人贛縣王德濳初校

門人高要陳煥章覆校

門人番禺王覺任覆校

門人東莞張伯楨覆校

論語注卷十六

論語注卷之十七

南海康有爲學

陽貨第十七

凡二十五章 漢石經凡二十六章何氏集解二十四章朱子集注復爲二十六章洪氏頤煊讀書叢錄謂漢石經分子曰唯上知與下愚不移子謂伯魚曰各自爲一章故云廿六邢本古者民有三疾章下有子曰巧言令色鮮矣仁注王曰巧言無實令色無質唐石經亦有此章係旁注御覽三百八十八引論語陽貨曰巧言令色鮮矣仁疑古傳本有二有者非後人所增無者亦非後人所刪也皇本考文引古本足利本高麗本皆無此章則從集解所據本也王注亦見學而篇皇疏

○陽貨欲見孔子孔子不見歸孔子豚孔子時其亡也而往拜之遇諸塗 饋魯讀作歸塗論衡知實篇引作涂釋文塗當作途

陽貨季氏家臣名虎貨虎一聲之轉嘗囚季桓子而專國政欲令孔子來見已而孔子不往貨以禮大夫有賜於士不得受於其家則往拜其門故瞰孔子之亡而歸之豚欲令孔子來拜而見之塗

道也不期而會曰遇

謂孔子曰來予與爾言曰懷其寶而迷其邦可謂仁乎曰不可好從事而亟失時可謂知乎曰不可日月逝矣歲不我與孔子曰諾吾將仕矣

皇疏寶猶道也懷寶迷邦謂懷藏道德不救國之迷亂亟數也失時謂不及事幾之會將者且然而未必之辭貨諷使速仕欲孔子求已也二曰皆陽貨自言下孔子曰乃是孔子言孔子非不欲仕也但不仕於貨耳不見者義也而往拜者禮也必時其亡而往者稱也遇諸塗而不避者不終絕也蘇氏軾曰道逢陽虎呼與言心知其非口唯諾以遜辭免蓋待權奸之法

○子曰性相近也習相遠也子曰唯上知與下愚不移此論性章應合爲一章朱子以下子曰爲衍文是也知漢書古今人表引作智

孝經緯性者生之質也兼魂魄而言之受於天生而不關於治教

者物皆有性各從其類若人之與人同此形體卽同此覺識內之
同有惻隱羞惡是非之心外之同有食味被色別聲之欲所受之
天氣地勢所傳之父精母血各有不同萬難合一而大體相近故
可本身作則推以及物以爲治化若不相近則仁恕忠信篤敬亦
不能推矣孟子亦言同類者相似故天生之事如此若人與人相
去之遠至於有治亂之大變聖狂之懸絶則全視所習而已習有
本於家庭習有由於師友習有因於風俗習有生於國土或一人
一時之習或數千萬里數千萬年之習熏染旣成相去遂遠乃至
居行好尙亦復是非懸反者故印度之人不踐螻蟻而焚其先骸
及寡妻歐西之人愛夫妻而離父母墨子謂輆沐之國長子生則
解而食之謂之宜弟大父死負其大母而棄之謂之鬼妻今非洲
黑人亦有然者風俗如此嗜好亦然故近朱則赤近墨則黑蓬生
麻中不扶自直蘭浸猾中小人不服居鮑肆而臭入芝室而香故

論語注卷十七　陽貨　二　萬木草堂叢書

善惡皆視其習而已若上智則魂魄俱清明純固故不爲惡習所移下愚則魂魄俱濁闇癡頑固故不爲善習所移推所以然上智之夙根深厚熏脩已久故德性堅定下愚則人形粗異絕未熏聞故性質頑固所以成爲上智下愚者亦由於夙習使然故天下之化莫大於習聖人立教務在進化因人之性日習之於善道而變其舊染之惡習變之又變至於惡習盡去善習大明至於太平大同之世則人人皆成上智而無下愚矣於是習不相遠矣而人道止於至善矣後人言性甚多世碩以爲性有善有惡人之善性養而致之則善長性惡養而致之則惡長宓子賤漆雕開公孫尼子之徒皆言性有善有惡孟子則言性善荀子則言性惡告子則言性無善無不善楊子則言善惡混皆泥於善惡而言之孔子則不言善惡但言遠近蓋善惡者教主之所立而非天生之事也甚矣聖人之言之精渾而無病也言性者聚訟紛如亦折衷於孔子可

矣

○子之武城聞弦歌之聲

弦琴瑟也時子游爲武城宰以樂爲教故邑人皆弦歌也

夫子莞爾而笑曰割雞焉用牛刀莞釋文作莧惟唐石經作莞皇邢本同廣雅釋詁莧笑也疑莧字小變

莞爾笑貌王逸曰笑離斷也張衡東京賦注舒張面目之貌也蓋喜之至反言治小邑何必用大道

子游對曰昔者偃也聞諸夫子曰君子學道則愛人小人學道則易使也

君子小人以位言之道謂樂之道也樂之爲道流而不息合同而化欣喜懽愛中正無邪敦和無怨合愛尙同百物皆化故君子學之則同而愛人小人學之則和而易使孔子禮樂並制而歸本於樂蓋人道以樂爲主無論如何立法皆歸於使人樂而已故小康

之制尙禮大同之世尙樂合普天下人人皆敦和無怨合愛尙同百物皆化禮運以爲大道之行也子游嘗聞大同其治武城先以爲治故孔子喜極美其以大道治小也子思孟子皆出於子游故多能言大同之道孔門自顏子有子子贛以外應以子游爲大宗矣

子曰二三子偃之言是也前言戲之耳

戲謔也嘉子游又以解門人之惑

○公山弗擾以費畔召子欲往弗擾皇本弗作不左傳史記及漢書古今人表皆作不狃

史記定公九年公山不狃欲廢三桓之適更立其庶孽以費畔季氏使人召孔子孔子循道彌久溫溫無所試莫能已用曰蓋周文武起豐鎬而王今費雖小儻庶幾乎欲往然亦卒不行若夫定十二年仲由爲季氏宰墮費不狃及叔孫輒率費人襲魯夫子命申句須樂頎伐之而後北敗於姑蔑不狃及輒遂奔齊與九年之欲

强公室相反

子路不說曰末之也已何必公山氏之之也（論衡引作末如也已無不說二字）

末無也言無所之則止何必公山氏之往乎

子曰夫召我者而豈徒哉如有用我者吾其爲東周乎（皇本用上有復字）

豈徒哉言必用我也爲東周言費小亦可王將爲東方之周也亂臣不可從乃是常義孔子豈不知之但爲救民來故曰天下有道丘不與易苟可藉手皆可與升平太平大同小康之治蓋化人之來道濟天下豈問爲何人哉所謂聖達節賢守節下失節子路乃守節之人故不說孔子爲達節之聖故無可無不可不然則愛名惜己不知救民孔子亦賢者而已固知常義不足以窺聖人也其卒不往者殆公山早敗或誠意不足耳

〇子張問仁於孔子孔子曰能行五者於天下爲仁矣請問之曰恭寬信敏惠恭則不侮寬則得衆信則人任焉敏則有功惠則足以使

人

仁者從二人爲人偶故其道皆與人交涉爲多恭寬信敏惠皆與人交之至道也行之天下言此可以治天下也蓋慢人者人亦慢之嚴則人怨欺則人疑懦爲事賊無恩則人不懷皆與人交所忌故有爲於天下者未有不行恭寬信敏惠者

○佛肸召子欲往皇本作胇肸古今人表作茀肸

佛肸晉趙氏之中牟宰以中牟畔趙

子路曰昔者由也聞諸夫子曰親於其身爲不善者君子不入也佛肸以中牟畔子之往也如之何

子路守節疾惡恐佛肸之浼夫子故問此以止夫子之行親猶自也不入不入其黨也

子曰然有是言也不曰堅乎磨而不磷不曰白乎涅而不緇史記論衡引無然字論衡亦無言字皇侃本不曰堅乎句上有曰字緇史記新語論衡文選座右銘注皆作淄漢州輔碑摩而不鄰漢費鳳碑作涅而不

滓廷尉仲定碑校尉熊君碑史記屈賈列傳後漢書隗囂傳皆作泥而不滓磨摩鄰磷涅泥湼皆古通也

磷薄也涅礬石可染皁楚人謂之涅石孔氏曰至堅者磨之而不薄至白者染之於涅而不黑喻君子雖在濁亂濁亂不能汚蓋磨不磷涅不緇而後無可無不可若堅白不足而欲自試於磨涅其不磷緇也幾希

吾豈匏瓜也哉焉能繫而不食

匏瓠也詩匏有苦葉故可繫於一處而不可食吾自東西南北不能如不食之物繫滯一處也張敬夫曰子路昔者之所聞君子守身之常法夫子今日之所言聖人體道之大權也然夫子于公山佛肸之召皆欲往者以天下無不可變之人無不可爲之事也其卒不往者知其人之終不可變而事之終不可爲耳一則與物之仁一則知人之智也佛肸公山之召孔子皆欲往救時之急拯溺之仁行其心之安而絕無人間名義之絆繫非聖人孰能爲此子

路勇於守義故見南子赴公山佛肸之召皆不悅而力諫子路之守節孔子之達權子路之守身孔子之行仁賢聖之大小廣狹經權皆可見矣然必堅白之至乃可不畏磷緇若皎日顯現黑暗皆明如蓮華出水汚泥難染皓皓自由無所不可若堅白不足則不堪磨染觸輒損汚則宜仍守不善不入之戒無謬託於聖人也能爲鳩摩羅什之吞針則可破戒不能吞針則不可破戒聖道甚大不設一義學者宜自量焉

○子曰由也女聞六言六蔽矣乎對曰未也皇本由下無也字

蔽遮掩也

居吾語女皇本居上有曰字

禮君子問更端則起而對故孔子諭子路使還坐而告之

好仁不好學其蔽也愚好知不好學其蔽也蕩好信不好學其蔽也賊好直不好學其蔽也絞好勇不好學其蔽也亂好剛不好學其蔽

也狂

六言皆美德然不學以明其理則各有所蔽愚若可陷可罔之類蕩謂窮高極廣而放佚賊謂傷害於物勇者剛之發剛者勇之體狂躁率也范氏曰子路勇於爲善其失之者未能好學以明之也故告之以此曰勇曰剛曰信曰直又皆所以救其偏也事各有宜物各有節若偏過則生害故有美質者必當講學窮理以求時中若質美而不學卽爲其質所蔽若有仁質者博愛必甚無學以裁之則可陷可罔愚而無益有知質者則求智必甚無學以節之則高遠放蕩若莊列與佛及九十六道有信質者然諾必重無學以裁之則如尾生抱橋待死徒以自戕有直質者不能委曲無學以量之則如直躬證父攘羊至於絞刺有勇質者果敢向前無學以調之則血氣張僨必至作亂若刺客游俠輕身徇人冒於文網而犯公議有剛質者不屑佞柔無學以和之則披猖觸犯必至狂妄

子路近於仁信直勇剛故多舉其質之近者而戒之此與書之臯陶九德洪範三德可參玩而此則斷之以學尤爲有所下手書之教胄子曰簡而無傲剛而無虐亦歸之於學庶幾近焉

○子曰小子何莫學夫詩

小子弟子也

詩可以興

感發志意

可以觀

考見得失

可以羣

和而不流

可以怨

怨而不怒

邇之事父遠之事君

人倫之道詩無不備二者舉重而言

多識於鳥獸草木之名

其緒餘又足以資多識知物性考醫藥備養生蓋博物之學孔子所重學詩之法此章盡之讀是經者所宜盡心也

○子謂伯魚曰女爲周南召南矣乎人而不爲周南召南其猶正牆面而立也與皇本召作邵

爲猶學也周南召南詩首篇名所言皆男女之事最多蓋人道相處道至切近莫如男女也脩身齊家起化夫婦終化天下正牆面而立言至極其餘益無可爲也

○子曰禮云禮云玉帛云乎哉樂云樂云鍾鼓云乎哉唐石經作鐘鍾與鐘二文古通

因天秩天敘之宜而將以恭敬飾以節文禮之本也因人心物理

之樂而致中蹈和合同尚愛樂之本也若玉帛鐘鼓人皆以爲禮樂者則禮樂之器數云爾不足以當禮樂也漢書禮樂志引此曰樂以治內而爲同禮以脩外而爲異同則和親異則畏敬畏敬之意難見則著之於享獻辭受登降跪拜和親之說難形則發之於詩歌詠言鐘石筦絃蓋嘉其敬意而不及其財賄美其歡心而不流其聲音

○子曰色厲而內荏譬諸小人其猶穿窬之盜也與釋文穿踰本又作窬鄭本作竇玉篇引禮記及左傳並作圭窬則窬與竇通用

厲威嚴也荏弱佞也穿牙在穴中通也窬門邊小竇外爲莊嚴之容而內懷巧佞之心陽爲君子而陰實小人以高世而媚世擧動畏卻有若穿窬之盜或說穿穿壁窬踰牆言其無實盜名而常畏人知也記君子不以色親人情疏而貌親在小人則穿窬之盜也

○子曰鄉原德之賊也

原與愿同善也孟子曰閹然媚於世者是鄉愿也萬章曰一鄉皆稱愿人焉孔子以爲德之賊何哉孟子曰非之無非刺之無刺同乎流俗合乎汚世居之似忠信行之似廉潔衆皆悦之自以爲是而不可與入堯舜之道夫忠信廉潔無可非刺豈非孔子所宜深美者哉乃以爲德賊蓋其氣象託於老成行誼託於謹厚寡過獨善安分守己緘默委靡隨波逐流以志士爲妄人矯激其持論不白不黑務爲模稜其於世不痛不癢務在自全胡廣中庸馮道長樂既竊美譽以亡人國故深惡之爲德賊也

○子曰道聽而塗說德之棄也

多識言行皆以畜德故貴默而識之若東塗西抹但以譁衆則雖有所聞亦非己有在才爲棄才在德爲棄德矣

○子曰鄙夫可與事君也與哉釋文或作無哉後漢書李法傳引也與作乎

鄙夫庸惡陋劣之稱

其未得之也患得之既得之患失之

何晏曰患得之謂患不能得之

苟患失之無所不至矣

小則吮癰舐痔大則弑父與君皆生於患失而已鹽鐵論曰君子疾鄙夫之不可與事君患其聽從而無所不至也聽從者無所匡正但知保其祿位故必至邪媚諂佞無所不爲也甚至才逹之士明知亡國之舉動亦貪一時之利而媚逢獻策焉故孔子疾之靳裁之曰士之品大槩有三志於道德者功名不足以累其心志於功名者富貴不足以累其心志於富貴者無所不至矣志於富貴卽孔子所謂鄙夫也

○子曰古者民有三疾今也或是之亡也

朱子曰氣失其平則爲疾故氣稟之偏者亦謂之疾昔所謂疾今亦亡之傷俗之益衰也

古之狂也肆今之狂也蕩古之矜也廉今之矜也忿戾古之愚也直今之愚也詐而已矣廉魯讀作貶

狂者高志大言而行不掩肆謂極意敢言不拘小節蕩則踰大閑矣矜即狷也不屑不潔者貶與砭通貶砭與廉通謂稜角峭厲忿戾則悖怒咈爭矣愚謂闇癡不明直謂質實无妄詐則詭譎誕妄矣此歎風俗之衰文敝之餘則人多矯詐

○子曰巧言令色鮮矣仁重出古本足利本無此章唐石經先無而後添注

○子曰惡紫之奪朱也惡鄭聲之亂雅樂也惡利口之覆邦家者皇本者作也

朱赤心木凡染絳一入謂之縓再入謂之赬三入謂之纁四入謂之朱正色也以黑加赤為紫春秋時好服之朱正色紫間色包咸曰鄭聲淫聲之哀者惡其亂雅樂魏文侯所謂聽古樂則惟恐臥聽鄭聲則惟恐倦其易感人如此故惡其奪正也利口辨才之人

能變易元黃顛倒是非所謂析言破律亂名改作言僞而辨記醜而博順非而澤爲其足以疑衆惑民而瀆亂至道上若何晏王弼下若江充息夫躬之流豈非傾邦家者耶此皆惡似是而非者

○子曰予欲無言

聲色之化民末也精神之運明德之照寂然不動感而遂通故尸居而龍見淵默而雷聲未嘗言也無不言也神聖雖徧發萬理徧陳萬行而必歸之於無聲無臭乃爲至德蓋有言即有迹人不解其所以言之故反將滯於其迹而誤泥矣故言者化物之不得已也若大教之本則在無言

子贛曰子如不言則小子何述焉

子贛以垂教必須言語故疑而問之

子曰夫何言哉四時行焉百物生焉夫何言哉天魯讀天爲夫或寫誤

有變通輪迴之妙體有發育萬物之精神絕無語言自然行生此

天之造化也神聖則亦有變通輪迴之妙體亦有發育萬物之精神不待語言但見化生此神聖之造化也孔子肖之蓋六經論記雖多言大同小康雖有多法而皆化民之末聖人仍是無言而已

○孺悲欲見孔子孔子辭以疾將命者出戶取瑟而歌使之聞之

孺悲魯人嘗學喪禮於孔子當是時必有以得罪者故辭以疾而又使知其非疾以警教之此孟子所謂不屑之教誨所以深教之也或未受學之先別有故乎

○宰我問三年之喪期已久矣史記弟子傳引作不已久乎

期周年也

君子三年不爲禮禮必壞三年不爲樂樂必崩

恐居喪不習而崩壞也

舊穀既沒新穀既升鑽燧改火期可已矣

沒盡也升登也燧取火之木也改火古者春取榆柳之火夏取棗

杏之火夏季取桑柘之火秋取柞楢之火冬取槐檀之火亦一年而周也已止也言期年則運一周時物皆變喪至此可止也

子曰食夫稻衣夫錦於女安乎曰安女安則爲之夫君子之居喪食旨不甘聞樂不樂居處不安故不爲也今女安則爲之皇本稻下錦下有也字曰安下有汝字

北方難得稻故貴之錦采衣也旨美也言三年之喪非强爲之本於人心之不安若汝安則汝爲之反辭以動其不忍之心也

宰我出子曰予之不仁也子生三年然後免於父母之懷夫三年之喪天下之通喪也予也有三年之愛於其父母乎漢石經無乎字或缺

古者喪期無數記至親以期斷則周時或期也今歐美日本父母皆期喪三年之喪蓋孔子改制所加隆也故宰我以爲舊制期已可矣不必加隆乃與孔子商畧之詞孔子乃發明必須三年之意人義莫尙於報天生魂而不能成之父傳種母懷妊未極其勞惟

既生之後撫育顧復備極劬勞必歷三年而後子能言能行少能自立而後免於父母之懷此三年中子不能自爲人飲食衣服臥起便溺皆父母代之然後成立得享人身之樂雖其後愛育腹我之恩昊天罔極終身無以報之然送死有已復生有節惟初生三年之恩非父母不得成人則必當如其期以報之也且喪之爲義自盡其哀思耳非有所報也今是大鳥獸之失羣匹猶必躑躅鳴號越月踰旬而後能已況於人性之靈而父母之恩哉故其哀思之切發於不忍之衷而於境物之美自有不安之意故夫飲食音樂衣服宮室之美皆平日所安者至是於心不安三年中皆變而不爲焉蓋本人情以制禮非勉強爲之也羣經皆言三年喪制而未發其理此爲三年喪所以然之理論其義至明自此孔門推行三年喪制於天下至晉武帝乃爲定制後儒不知孔子改制以爲三年之喪承自上古定自周世則何以滕文公欲爲三年喪而父

兄百官皆不欲以爲滕魯先君莫行之是自伯禽至於魯悼公叔繡至於滕定公皆未嘗行也今人假極不肖心無哀思而以國家法律所在亦必强服三年之喪制而不敢非難安有以一王大典定律而舉世千年諸侯大夫無一服者且以爲非卽宰我之賢亦以爲疑而宜減者蓋古無定制故孔子加爲三年喪墨子得減爲三月喪也墨子亦日稱堯舜禹湯文武者若三年喪爲先王之制墨子必不敢攻今墨子非儒篇其禮曰喪父母三年期妻後子三年若以尊卑爲歲月數則是尊其妻子與父母同逆孰大焉節葬篇曰使面目陷曮顏色黧黑耳目不聰明手足不勁强敗男女之交則不可爲衆失衣食之財則不可爲富君子無以聽治小人無以從事公孟篇曰公孟子謂子墨子曰子以三年之喪爲非子之三月之喪亦非也子墨子曰子以三年之喪非三月之喪是猶裸謂撅者不恭也言皆非先王之制不能相非則三年之喪爲孔子

改制至明三年者實二年記三年問曰三年之喪二十五月而畢
又曰正與使倍之故再期也蓋再期二十四月而大祥祥而鼓素
琴喪已解矣中月而禫於是月之中行禫祭而服畢鄭玄說以中
月爲中隔一月故爲二十七月今用之則誤也唐王玄感誤解以
爲三十六月益大謬也三年之喪專爲父母者其及他者則從服
也漢時未定三年喪制故人各自由翟方進則爲三十六日服王
修則爲六年服趙宣則爲二十餘年服皆過於厚薄者也至晉武
帝定制後乃至今二千年爲通制
○子曰飽食終日無所用心難矣哉不有博弈者乎爲之猶賢乎已
荀子大略篇六貳之博楊倞注六貳之博卽六博也王逸注楚辭
云投六箸行六棊故曰六博今之博局亦二六相對也西京雜記
許博昌善陸博法用六箸以竹爲之長六分或用三箸列子說符
釋文引六博經云博二人相對坐向局局分爲十二道兩頭當中

名爲水用棊十二枚法六白六黑又用魚二枚置於水中其擲采以瓊爲之二名牽魚每一牽魚獲二籌翻一魚獲三籌若已牽兩魚而不勝者名曰被翻雙魚彼家獲六籌爲大勝也弈者說文云弈圍棋也文選博弈論注引邯鄲淳藝經曰棊局縱橫各十七道合二百八十九道白黑棊子各一百五十枚焦氏循孟子正義博蓋即今之雙陸弈爲圍棊以其局同用板平承於下則皆謂之枰以其同行於枰皆謂之棊上高而銳如箭亦如箸今雙陸其俗謂之鎚尚可考見其狀故有箭箸之名今雙陸枰上亦有水門其法古今有不同如弈古用二百八十九道今則用三百六十一道亦其例也蓋弈但行棊博以擲采而後行棊後人不行棊而專擲采遂稱擲采爲博博與弈益遠矣說文博局戲也用已盛行久矣已止也心之精神謂之聖用之事事物物皆能緣入用之道德則行日起而有功用之學問則聞見博而知益明用之技藝則可以養

生而進道用之物理則窮化而知新此天特與人者愈用而愈明愈用而愈鋭有欲罷不能者若不用則如涸泉枯井如茅塞之或且逸欲橫生矣雖用之博弈廢日玩時而智慧日生尙勝於絶不用心者聖人非教人博弈乃極言不用心者之日入愚癡爲大不可耳

○子路曰君子尙勇乎子曰君子義以爲上君子有勇而無義爲亂小人有勇而無義爲盜史記弟子傳引無君子字漢書地理志引無義爲亡義爲上有則字

尙上之也君子爲亂小人爲盜皆以位而言者也義以爲尙則爲大勇也所謂浩然之氣至大至剛配義與道也禮聘義云有行之謂有義有義之謂勇敢故所貴於勇敢者貴其能以立義也所貴於立義者貴其有行也所貴於有行者貴其行禮也故所貴於勇敢者貴其敢行禮義也故勇敢強有力者天下無事則用之於禮義天下有事則用之於戰勝用之於戰勝則無敵用之於禮義則

順治外無敵內順治此之謂盛德故聖王之貴勇敢强有力如此也勇敢强有力而不用於禮義戰勝而用之於爭鬭則謂之亂人刑罰行於國所誅者亂人也又荀子榮辱篇爲事利爭貨財無辭讓果敢而振猛貪而戾恈恈然惟利之見是賈盜之勇二文並可證此章之義史記子路好勇力志伉直冠雄雞佩猳豚陵暴孔子孔子設禮稍誘子路子路後儒服委質因門人請爲弟子而問勇夫子答之如此所以深折其舊日自矜之質而進以大道之義也可窺聖人陶鑄之法

○子贛曰君子有惡乎皇本子貢下有問字今本君子下有亦字漢石經無今從石經

聖人博愛故子贛疑而問有惡否

子曰有惡稱人之惡者惡居下而訕上者惡勇而無禮者惡果敢而窒者今本作有惡漢石經無惡字又今本作居下流漢石經與鹽鐵論漢書朱雲傳無之今皆從漢石經白六帖與四輩經比丘尼經音義引亦無流字窒魯論作室韓勑修孔廟後碑亦以窒爲室

室與窒通漢書功臣表有清簡侯窒中同史記作室訕謗毀也
皇侃曰惡爲人臣下而毀謗其君上少儀爲人臣下者有諫而無
訕窒犯戾也稱人惡則谿刻無仁厚之意下訕上則悖逆無忠敬
之心勇無禮則犯上作亂果敢而窒則膽大妄爲是四者無忠敬
之心皆孔子之所惡也勇無禮則爲亂果而窒則妄作故夫子惡
之

曰賜也亦有惡乎惡徼以爲知者惡不孫以爲勇者惡訐以爲直者皇本乎作也徼鄭本作絞中論絞急以爲智用此

惡徼以下子贛之言也徼抄也謂抄人之見以爲己有訐謂攻發
人之陰私蓋知爲知之不知爲不知是爲智自反而不縮雖褐寬
博吾不凌焉是爲勇直道而行乃爲直三者皆非眞知勇直故子
贛惡之聖賢之所惡若此學者亦可自省爲聖賢所惡否也凡聖
賢之所惡皆所謂惡不仁者也

○子曰唯豎子與小人爲難養也近之則不孫遠之則怨女子本又作豎子今從之皇本怨上有有字後漢書爰延傳引唯作惟下無也字孫作遜魏志黃初三年令亦作遜

豎子謂僕隸之類小人謂人之無學術行義者兼才臣昵友而言豎子小人多有才而令人親愛者然遠近皆難故不易養惟當謹之於始善擇其人先勿太寵之而假其權後勿過絕之而薄其恩若始誤近之過甚則後難處之矣

○子曰年卌而見惡焉其終也已漢石經作年卌見惡焉今本作四十意同不如從漢石經說文無卌字足証爲今文漢孔和碑選年卌以上雍勸闕碑云年卌五釋文引鄭注孝經云卌强而仕

卌四十也成德之時見惡於人則止於此四十無聞則不足畏此則見惡不止無聞曾子立事篇三十四十之間而無藝卽無藝矣五十而不以善聞則無聞矣蓋四十成德之時而無德可稱且爲所惡則氣質不改止於其地也勉人及時遷善改過也孔子極重少年而極怪垂暮無成者年已過則不可得日月逝於上體貌衰

於下此志士之大痛也可不勉哉

門人番禺王覺任初校

門人高要陳煥章覆校

門人東莞張伯楨覆校

論語注卷之十七終

論語注卷十

三

論語注卷之十八

南海康有爲學

微子第十八此篇多記聖賢之出處

凡十一章集解作十四章疑四爲一之誤

○微子去之箕子爲之奴比干諫而死

微箕二國名子爵也微子名啟箕子名胥餘與比干皆紂諸父史記呂氏春秋以微子爲紂兄微子見紂無道去之以存宗祀箕子比干皆諫紂殺比干囚箕子以爲奴箕子因佯狂而受辱

孔子曰殷有三仁焉

夏侯元曰微子仕之窮也箕子比干忠之窮也故或盡材而止或盡心而留皆其極也三人之行不同而同出於至誠惻怛之意以撥亂救民得其本心故孔子同許其仁在後世視之則微子奔周爲客箕子陳疇武王皆不忠矣而孔子以與比干同稱未嘗責微

箕之死節蓋孔子立君臣不過同以治民若君爲社稷死則死之爲民亡則亡之若君無道而死亡則非其私暱誰敢任之朱賢不明此義若一君之亡當胥天下之民而爲之死者則無義甚矣非孔子道也

○柳下惠爲士師三黜人曰子未可以去乎曰直道而事人焉往而不三黜枉道而事人何必去父母之邦荀子展禽三絀絀卽黜字子未可以去乎新序雜事篇後漢書崔駰傳注引作可以去矣邦漢石經作國風俗通同或避漢諱耶

士師理官黜退也柳下惠三黜不去而油油與故國偕蓋其深悉時風遺佚而不怨阨窮而不憫可謂和矣然其不能枉道之意則有確乎其不可拔者是所謂必以其道而不自失焉者也直道則必黜枉道不可行悠悠千古竟不出是但君子終不肯枉道求容耳

○齊景公待孔子曰若季氏則吾不能以季孟之間待之曰吾老矣

不能用也孔子行作止待史記

魯三卿季氏最貴孟氏爲下卿孔子在齊景公問政孔子曰政在節財景公說將欲以尼谿田封孔子晏嬰進曰夫儒者滑稽而不可軌法倨傲自順不可以爲下崇喪遂哀破産厚葬不可以爲俗游說乞貸不可以爲國自大賢之息周室既衰禮樂缺有間今孔子盛容飾繁登降之禮趨翔之節累世不能殫其學窮年不能究其禮若欲用之以移齊俗非所以先細民也後景公敬見孔子不問其禮異日景公止孔子曰奉子以季氏吾不能以季孟之間待之齊大夫欲害孔子孔子聞之景公曰吾老矣不能用也孔子遂行反乎魯時景公年已六十故云老孔子蓋一厄於晏嬰之異道再厄於諸大夫之妒讒景公未嘗不知慕聖虛已大用而卒不能蓋古聖賢之被用多厄於左右親貴之間愿人主非有獨斷之聰排讒之勇罕有能終者故先主之於諸葛苻堅之於王猛德威廉

之於俾思麥所以獨有千古也

○齊人歸女樂季桓子受之三日不朝孔子行歸鄭作饋漢書禮樂志文選鄒陽上書注並引作饋當是用鄭注歸饋通後漢書蔡邕傳齊人歸魯孔子斯征則歸是今文饋是古文

季桓子魯大夫名斯史記定公十四年孔子年五十六由大司寇攝行相事三月粥羔豚者弗飾賈男女行者別於塗塗不拾遺四方之客至乎邑者不求有司皆予之以歸齊人聞而懼曰孔子爲政必霸霸則吾地近焉我之爲先并矣盍致地焉犁鉏曰請先嘗沮之沮之而不可則致地庸遲乎於是選齊國中女子好者八十人皆衣文衣而舞康樂文馬三十駟遺魯君陳女樂文馬於魯城南高門外季桓子微服往觀再三將受乃語魯君爲周道游往觀終日怠於政事子路曰夫子可以行矣孔子曰魯今且郊如致膰乎大夫則吾猶可以止桓子卒受齊女樂三日不聽政郊又不致膰俎於大夫孔子遂行宿乎屯而師已送曰夫子則非罪孔子曰

吾歌可夫歌曰彼婦之口可以出走彼婦之謁可以死敗蓋優哉游哉維以卒歲師已反以實告桓子喟然歎曰夫子罪我以羣婢故也夫孔子遂適衞此記强鄰間賢而魯君相好色不好德致大聖辭官蓋君相有倦心則色斯舉矣此見孔子見幾之速辭官之勇而去官卽去國免於羈留古政綱之寬如此而士人之去就如彼

○楚狂接輿歌而過孔子曰鳳兮鳳兮何而德之衰也往者不可諫也來者猶可追也期斯已矣今之從政者殆集解作已而已而今之從政者殆而不知爲古文歟爲齊論歟魯論作期斯已矣今之從政者殆今從魯論漢石經作何而德之衰也與莊子合唐石經及皇本作何德之衰也又諫追下漢石經及皇本高麗本皆有也字今本無之

莊子逍遥游篇偁接輿應帝王偁肩吾見狂接輿荀子堯問史記皆偁接輿秦策偁接輿漆身而爲厲被髮而陽狂楚辭偁接輿髡首韓詩外傳偁楚狂接輿躬耕高士傳以爲陸通似謬惟接輿是

隱士姓名孔子將適楚楚之狂士接輿歌而過前蓋隱士宗旨不同欲以感切孔子者也鳳有道則見無道則隱接輿以比孔子而譏其不能隱爲德衰也來者可追言及今尙可隱去期時也殆危也言出處之道惟其時而已今之從政者殆言亂世危邦之貴要有禍患也憲問篇曰斯已而已矣陽貨篇曰期可已矣下章曰其斯而已矣語勢相類莊子人間世載接輿詞曰已乎已乎臨人以德殆乎殆乎畫地而趨蓋古人引文多以意古文之已而已而卽從此出

孔子下欲與之言趨而辟之不得與之言（辟皇本作避不得與之言下有也字）

孔子下車蓋知爲異人欲告之以救世之義楚狂自有旨趣故不欲聞而辟之此亦大隱之至特發歌以致諷不可謂不勤拳急趨辟而不言不可謂不淡泊隱士之高遠奇僻及聖人之優容接引皆可見焉

○長沮桀溺耦而耕孔子過之使子路問津焉

史記世家敘此於去葉反蔡之時爲哀六年孔子年六十四也鄭氏玄曰長沮桀溺隱者也耜廣五寸二耜爲耦蓋播種於畝中津濟渡處長身高者桀身短者沮溺亦記者名其隱淪之意凡楚狂丈人荷蕢晨門及沮溺皆大隱無名此略以其身體行義記之

長沮曰夫執車者爲誰子子路曰爲孔丘曰是魯孔丘與曰是是知津矣興漢石經作車誰下有子字是下無也字曰字與今本殊今從之皇本誰下有子字曰是上有對字

執車執轡在車也蓋本子路御而執轡今下問津故夫子代之也知津譏孔子數周流自知津處

問於桀溺桀溺曰子爲誰曰爲仲由曰是魯孔丘之徒與對曰然曰滔滔者天下皆是也而誰以易之且而與其從避人之士也豈若從避世之士哉櫌不輟釋文孔子之徒一本作子是今作孔丘之徒與世家作子孔丘之徒與文滔滔釋文引鄭本作悠悠世家正作悠悠漢班固幽通賦溺招路以從已兮安慆慆而不萉滔滔是魯論漢石經作避世今依之漢石經作櫌不輟今本作耰

而不輟當是齊古論今從石經

時孔子周流名聞天下故隱士亦知之滔滔流而不反之意以猶與也言天下皆亂將誰與變易之而汝也辟人謂孔子辟世桀溺自謂耰覆種也輟止也亦不告以津處以孔子所如不合故曰辟人沮溺與楚狂見孔子亦不顧若不生於人間世者故曰辟世

子路以告子憮然曰鳥獸不可與同羣吾非斯人之徒與而誰與天下有道丘不與易也今本子路行以告夫子憮然漢石經無行字夫字史記世家亦無行字今從漢石經皇本羣下有也字

憮然猶悵然惜其不諭已救世之意也旣生人身則與人爲羣當安而懷之坐視其饑溺則心有不忍必當撥易其亂世進置之大同退亦欲置之小康天生我德卽當以斯人爲責任一夫不獲若已納隍若世已太平斯人盡安盡樂則無所事聖人聖人亦從衆而嬉耳蓋聖人之來斯世明知亂世昏濁而來救之非以其福樂

而來享之也故治世去之亂世就之特入地獄而救衆生斯所以爲大聖大仁歟惻隱之心悲憫之懷周流之苦不厭不捨至今如見之也

○子路從而後遇丈人以杖荷蓧子路問曰子見夫子乎丈人曰四體不勤五穀不分孰爲夫子置其杖而芸釋文蓧本又作條又作莜皇本作篠今本植其杖而芸植漢石經作置芸作耘說文植或作櫃則古通也耘芸賴俱通當是隸省

包咸曰丈人老人也蓧竹器四體四肢股肱也五穀不分猶言不辨菽麥爾責其不事農業而從師遠游也置措之地也耘除草也食貨志苗生三葉以上稍耨壠草因隤其土以附苗根比成壠盡而根深故耘不獨除草且可茂苗也

子路拱而立

賈子新書容經固頤正視平肩正背臂如抱鼓足間二寸端面攝纓端股整足體不搖肘曰經立因以微磬曰共立玉藻臣侍於君

垂拱子路拱立蓋知其隱者加敬之也

止子路宿殺雞爲黍而食之見其二子焉

黍禾之黏者

明日子路行以告子曰隱者也使子路反見之至則行矣

孔子使子路反見之蓋欲告之以行道救世之義而丈人意子路必將復來故先去之以滅其跡亦楚狂之意也

子路曰不仕無義長幼之節不可廢也君臣之禮如之何其廢之也欲絜其身而亂大倫君子之仕也行其義也道之不行已知之矣今本作君臣之義廢之下無也字今從漢石經

子路或留告其子也包曰倫道理也君臣之義皆在救民但有尊卑耳雖有汚君吾亦盡其救民之心蓋人分氣於天凡人類皆同胞義當救之君子之栖栖周流皇皇從仕以行其救民之義發其不忍之心也如親戚有疾雖知不愈仍必奔走求藥以救之道之

不行久已知之所謂知其不可而爲之也蓋當時齊景衛靈之昏陳蔡之弱權臣世家之妒中知以下知必不見用豈孔子之聖而不知之哉然仍數十年周流栖栖不厭不倦甚矣孔子之仁也孔子豈不知潔身遠避之爲樂哉而不忍之心旣不能恝救民之天職又不敢廢也此數章皆見孔子周流之苦救民之切明知亂世而特來明知不行而不舍累遭譏諷而接引不倦與欲就佛肸公山數章合讀孔子之爲至仁萬世下猶當感動也

○逸民伯夷叔齊虞仲夷佚朱張柳下惠少連夷逸漢石經作夷佚今從之

逸者節行超逸也民者無位之稱逸民有德而隱處者虞仲卽仲雍與泰伯同竄荆蠻者雖後爲君而隱之時亦民也尸子夷逸夷詭諸之裔或勸其仕曰吾譬則牛甯服軛以耕於野不忍被繡入廟而爲犧禮雜記孔子曰少連大連善居喪三日不怠三月不解期悲哀三年憂東夷之子也朱張則傳記皆佚王弼注謂朱張字

仲弓荀卿以比孔子然朱張在孔子前仲弓在孔子後恐非仲弓不足信據包咸曰此七人皆逸民之賢者

子曰不降其志不辱其身伯夷叔齊與

天子不得臣諸侯不得官直已行道不事亂人故曰不降志辱身謂柳下惠少連降志辱身矣言中倫行中慮其斯以乎今本其斯而已矣漢石經作其斯以乎今從之

柳下惠少連食祿亂朝道不能行故爲降志辱身倫理也慮意料也謂言論合理謀慮必得也

謂虞仲夷佚隱居放言身中清發中權世家引身作行今本作廢中權釋文廢馬云棄也鄭作發馬融只傳古文臧庸拜經日記謂魯論作發馬誤按鄭並傳齊魯論則廢是古文發是齊魯故後漢書隗囂傳方望曰動有功發中權蓋魯論故今從鄭

仲雍居吳斷髮文身裸以爲飾皇疏引江熙曰超然出於埃塵之表身中清也晦明以遠害發動中權也此作發之正義放言如莊

生曳尾寓言之比也法之盧騷亦其類也仲佚之放言必有奇瑋絶特之論故孔子稱之惜後世不傳

我則異於是無可無不可

鄭曰不爲夷齊之淸不爲惠連之屈法言謂李仲元不夷不惠可否之間孟子曰孔子可以仕則仕可以止則止可以久則久可以速則速所謂無可無不可七子皆周時創教之人故各立特行造作論說有名於時孔子雖尊稱之而無一從之蓋孔子兼備萬法其運無乎不在與時變通而得其中聲色之以化民皆末無聲無臭乃爲天載如五色之珠說靑道黃人各有見而皆不得其眞相者也所謂聖而不可測之謂神孔子哉

○大師摯適齊

大師殷紂時樂官之長摯其名也

亞飯干適楚三飯繚適蔡四飯缺適秦

包曰三飯四飯樂章名各異師繚缺皆名也

鼓方叔入于河（于今本作於皇本作于）

包曰鼓擊鼓者方叔名入謂居其河內

播鼗武入于漢

播搖也鼗小鼓兩旁有耳持其柄而搖之則旁耳還自擊武名也

漢漢中

少師陽擊磬襄入于海（于今本作於漢石經作于以上皇本及唐石經考之則于河于漢亦應作于）

少師樂官之佐陽襄二人名海海島也董仲舒對策曰至于殷紂逆天暴物殺戮賢知殘賊百姓伯夷太公皆當世賢者隱處而不爲臣守職之人皆奔走逃亡入于河海漢書古今人表列大師摯于殷末周前禮樂志偁殷紂斷棄先祖之樂乃作淫聲用變亂正聲以悅婦人樂官師瞽抱其器而奔散或適諸侯或入河海皆以爲紂時史記周本紀太師疵少師彊抱其樂器而奔周疵彊即摯

陽音轉孔傳因魯有師摯以爲魯哀公時鄭以爲周平王時並誤矣此數章皆雜記殷周時事足勸戒者

○周公謂魯公曰君子不施其親不使大臣怨乎不以故舊無大故則不棄也無求備於人釋文不弛本今作施漢石經作施施弛二字古通周官遂人注施讀爲弛可證魏志杜恕傳引不作無乎作呼牧敦銘王乎內史乎即呼也漢宣六王傳棄上有可字無作毋唐石經及今本棄上無可字今從之

魯公周公子伯禽也坊記鄭注弛棄忘也以用也備盡也大臣非其人則去之在其位則不可不用大故謂惡逆君子雖遷於高位不可以忘其朋友士有百行功過相除不可求備四者皆忠厚之事魯以仁厚開基故傳其遺訓也

○周有八士伯達伯适仲突仲忽叔夜叔夏季隨季騧

包咸曰周時四乳生八子皆爲顯仕故記之爾蓋記周之盛世人種之良善而多以爲太平祥也八士皆依韻命名鄭玄以爲成王時人劉向馬融以爲宣王時人非也春秋繁露郊語篇引惟此文

王傳曰周國子多賢蕃殖至于駢孕男者四四產而得八男皆君子俊雄也此天之所以興周國也古今人表列八士于成叔霍叔前皆以爲文王時人逸周書和寤篇王乃勵翼于尹氏八士十亂之南宮适即伯适逸周書克殷篇命南宮忽振鹿臺之財巨橋之粟令南宮伯達史佚遷九鼎三巫皆尹氏之别以宮名者薛氏鐘鼎款識載叔夜鼎銘云叔夜鑄其𩰫鼎以征以行用𩰲用鬺用蘄眉壽無疆

門人高要陳煥章初校

門人番禺王覺任覆校

門人東莞張伯楨覆校

論語注卷之十八終

論語注卷之十九

南海康有爲學

子張第十九此篇皆記弟子之言而子夏爲多子貢次之蓋孔門自顏子以下穎悟莫若子貢自曾子以下篤實無若子夏故特記之詳焉

凡二十五章

○子張曰士見危致命見得思義祭思敬喪思哀其可已矣

見危致命者臨難無苟免見得思義者臨財無苟得二者見其義祭思敬則不忘遠喪思哀則能恤死二者見其仁仁且義可以爲士蓋命者人所難捨財者人所共貪遠者人所易忘死者人所易背所貴乎士爲其節行死猶不惜財猶不貪則其尋常之小節愈可信遠猶不忘死猶能恤則其生而近者之不遺益可見致命不言思者死生之際惟義是蹈多思反游移生惑故獨不言思也

○子張曰執德不弘信道不篤焉能爲有焉能爲亡

執德不弘則狹小拘泥而不能變通盡利因應隨時信道不篤則游移遷變而無定力負荷守死力爭凡一世中所關係之人一教中所擔荷之士皆賴弘德以應變篤信以護持苟其不然則其人無足重輕有亦不見多無之亦不見少也如孟荀董子者可謂執德弘信道篤故關于儒教甚重子張此言眞爲治世傳教之要無志者不足論若以道自命之人深宜自察也荀子韓非皆有子張氏之儒大戴記衞將軍文子篇孔子稱子張與顏子並合論語所記觀之問仁問明問行問達問十世尊賢容衆嘉善矜不能眞所謂德弘信篤者迥非曾子子夏所能及後人誤尊曾子遂抑子張是目迷白黑顚倒高下此孔道所以不明也

○子夏之門人問交於子張子張曰子夏云何對曰子夏曰可者與之其不可者距之子張曰異乎吾所聞君子尊賢而容衆嘉善而矜不能我之大賢與於人何所不容我之不賢與人將距我如之何其

距人也釋文距本今作拒漢石經作距今從之邢疏集注本皆作拒漢石經可者下者距上凡闕四字疑漢本無其字

朱子曰子夏之言迫狹子張譏之是也蓋子夏固守約者以之爲門人小子慎其初交無比匪人無親損友亦未嘗不宜也子張之說乃深得聖道宏獎風流賢則尊之善則嘉之又推施仁恕衆則容之不能則矜之有萬物一體之量有因物付物之懷竊窺孔子之待人正爾如此則子張之所得可知也朱子以爲過高妄議子張則是妄議孔子也蓋朱子亦守約之人于此未有得者舜于四罪流放孔子稱爲君哉堯則並容共驩孔子稱其天大太邱道廣固勝于李膺門高且百姓有過皆在於己方當自責復何不容雖位各有當時各有宜而同類不收自隘其道豈斯人吾與之意乎

○子夏曰雖小道必有可觀者焉致遠恐泥是以君子不爲也漢書藝文志引不作弗

鄭曰小道如今諸子書也泥滯陷不通也皆有所明而不能相通

非無可觀致遠則泥矣故君子不爲也百家衆技凡有立于世者其中各有精妙有可觀覽凡人自可學之以致用但若欲經世立教致之遠大則如耳目鼻口皆有所明而不能相通不如孔子之大道故君子擇焉志乎大道則不暇爲小道也此子夏專爲學孔子大道發之乃爲傳教之高言而天下之人甚多安得盡爲傳教者但各執一技求精致用近世若哥白尼之天文學斯密亞丹之資生學奈端之重學富蘭克令之電學華忒之機器皆轉移世宙利物前民致遠甚矣言各有爲學者勿泥于言而不通其意也

○子夏曰日知其所亡月無忘其所能可謂好學也已矣亡讀作無古通學在溫故知新不知新則守舊而不進不溫故則有得而亦忘二者合爲之則日就月將緝熙光明矣此指進德修業之功分課日月至爲明切後世亦不能更出新義學者終其身以爲課程可也

○子夏曰博學而篤志切問而近思仁在其中矣後漢書章帝紀正經義課引作孔子

語

孔門教人以求仁爲事但空言博愛無私從何下手故必自道問學尊德性先之此皆學問思辨之事未及乎力行而爲仁然存養既熟不求仁而仁在其中矣蓋仁者人也爲仁由已已立立人已達達人故道雖極乎高遠而行先于切近有篤志者精神凝結其問思自不汎濫然人言動之習慣雖極尋常而其精理則息息皆與元天相通與萬物相關既相關通矣則思問之亦爲切近雖屈原問天王陽明思竹亦未爲過也

○子夏曰百工居肆以成其事君子學以致其道

致極也肆謂工人造作之處學謂學校凡藝業必合羣講習而後精蓋相觀而善之謂摩耳濡目染故不肅而成不勞而能管子所謂羣萃州處工與工處商與商處農與農處士與士處四民不雜而後業成工必居肆乃成事君子亦必居學校乃致道也苟閉門

獨學則無講習漸摩之益則必孤陋而寡聞勤苦而難成今歐美百業必出于學校蓋深得之矣

○子夏曰小人之過也必文皇本必下衍則字

文飾之也小人魂昏魄重卑污詭曲外託無過而不肯改過故不憚自欺必從而文飾之若君子通達光明知人固有過則不妨認既認爲過則亦可勇猛精進而改之矣若文則包藏粉飾既無知過之誠遂絕改過之望所以終于小人歟

○子夏曰君子有三變望之儼然即之也溫聽其言也厲儼釋文本或作嚴皇本作嚴邢本作儼

儼然者貌之莊溫者色之和厲者辭之正他人儼然則不溫則不厲惟孔子全之如良玉溫潤而栗所謂氣備四時也色溫則可親言厲則無私其與巧言令色之鮮仁相反歟

○子夏曰君子信而後勞其民未信則以爲厲己也信而後諫未信

則以爲謗已也鄭厲讀爲賴釋文同厲賴通

信謂誠意惻怛而人信之也厲猶病也事上使下皆必誠意交孚而後可以有爲蓋同言而信信在言前在人而不在言在平日之積行積交而不在一時一事故君子有所舉動于人務積其見信之本而已否則怨謗之來宜自反也

○子夏曰大德不踰閑小德出入可也春秋繁露玉英篇引不作無說苑尊賢篇引作毋

大德小德猶言大節小節閑闌也所以止物之出入易言閑有家是也大德事關國家身名一敗則終身瓦裂故一毫不可苟假若小德則飲食起居之際獵較猶可申天不妨故云出入可也子夏雖守約而執德猶弘若程子之諫折枝必至使人作僞而後已爲人道所難則必盡反乎大道宋賢之刻豈未知小德出入之義耶

○子斿曰子夏之門人小子當灑掃應對進退則可矣抑末也本之則無如之何子游漢石經作斿釋文洒掃正作灑毛詩晉語周禮皆作洒掃鄭謂古文論語作洒則洒掃皆古文灑爲魯論

則掃亦為魯論

灑汛也子游譏子夏弟子于威儀容節之間則可矣然此小學之末耳推其本如性天之事則無有

子夏聞之曰噫言斿過矣君子之道孰先傳焉孰後倦焉譬諸草木區以別矣君子之道焉可憮也有始有卒者其唯聖人乎釋文區羌于反誣漢書薛宣傳引作憮論語發微謂為魯論馬以誣為欺是偽古論漢石經卒作卒惟作唯

君子之道大本之道也倦如誨人不倦之倦區猶類也憮蘇林曰兼也同也言君子之道非特有所先而傳之非特有所後而倦教但學者所至自有淺深如草木之有大小其類固有別矣若不量其淺深不問其生熟而概以高且遠者兼同而強語之君子之道豈可如此若夫始終本末一以貫之則惟聖人為然豈可責之門人小子乎即大學所謂物有本末事有終始知所先後則近道矣荀子非十二子篇嗛然終日不言此子夏氏之賤儒則子夏學孤

如此故壽至百歲道行西河而後學不聞大成得無太守約所致耶朱子譏張横渠闗學無傳謂其道似木札子得無類是子游後學有子思孟子爲孔道大宗發明天命性道直指本心豈非所謂得其本者耶以此較之則子游之譏子夏未爲過也但小子則應從事于淺近若名物象數誦詩學樂之類宋賢則欲小子皆從事于身心性命是又過矣則子夏之論爲篤也

〇子夏曰仕而優則學學而優則仕

優有餘力也仕與學理同而事異故當其事者必先有以盡其事而後可及其餘然仕而學則所以資其仕者益深學而仕則所以驗其學者益廣然若方仕而專事讀書則必曠職叢脞不學而遽干禄則必覆餗刑凶

〇子游曰喪致乎哀而止

哀爲喪禮之本制禮者定其宫室服食之節不過推致其哀思稱

情以立文耳卽喪與其易也甯戚不若禮不足而哀有餘之意然毁不滅性故有禮以節之若徒尙哀則阮籍之斗酒嘔血爲得矣朱子以爲有弊誠然子游蓋爲忘哀者有爲言之也

○子游曰吾友張也爲難能也然而未仁

包曰言子張容儀之難及也孔子没後同門中子張年少而才行最高子游推其難能但仁則未知孔子所未許子路冉有者也子游亦未許子張記論語者爲曾子之徒與子張宗旨大異乃誤傳其有所短也

○曾子曰堂堂乎張也難與並爲仁矣

類敍攷子張之意鄭氏立曰子張容儀盛後漢書伏湛傳杜詩上疏曰湛容貌堂堂國之光暉子張善爲容漢舊儀爲此頌貌威儀事有徐氏張氏列子仲尼篇師之莊賢于丘也又曰師能莊而不能同恐其矜已或絶物則難並爲仁也曾子守約與子張相反故

不滿之人之性金剛水柔寬嚴異尙嗜甘忌辛趣向殊科宗旨不同則相攻上章祗以爲未仁尙無定論難與爲仁則過矣大戴禮衛將軍文子篇歷論諸子而孔子謂子張不弊百姓以其仁爲大又言其業功不伐貴位不善不侮可侮不佚可佚所謂尊賢容衆嘉善矜不能仁孰大焉孔子許子張幾比于顏子可爲定論論人當折衷于孔子記論語者當爲曾子後學而非子張之徒故記本師之言猶荀子之非思孟耳未可爲據朱子誤尊曾子過甚于是不考而輕子張爲行過高而少誠實惻怛之意則大誤矣

○曾子曰吾聞諸子人未有自致也者必也親喪乎今本子上有夫字致下爲者也經石經無夫字致下爲也者今從漢石經

致盡其極也蓋人之眞情所不能自已者尹氏曰親喪固所自盡也于此不用其誠惡乎用其誠

○曾子曰吾聞諸夫子孟莊子之孝也其他可能也其不改父之臣

與父之政是難能也皇本難下無能字

孟莊子魯大夫名速其父獻子名蔑獻子有賢德而莊子能用其臣守其政故其他孝行雖有可稱而皆不若此事之爲難莊子卒去獻子四年自盟向伐邾外無事蓋守父道故也然亦有獻子之賢父則可否則幹蠱乃爲孝矣爲政以益民爲主若其益民則蕭規曹隨千古以爲美何待父也若其非也則禹之治水盡易鯀道及其用人乃爲孝耳大孝以喻親于道爲義曾子篤于孝故其論如此讀者善擇之可也

○孟氏使陽膚爲士師問於曾子曾子曰上失其道民散久矣如得其情則哀矜而勿喜

陽膚曾子弟子民散謂民心散渙思背其上情實也上未嘗養之教之則民之犯罪迫于不得已或出于無知非其天性然也士師審訊雖得情宜哀矜其本出無辜而勿喜也鹽鐵論後刑章引此

說之曰夫不傷民之不治而伐已之能得奸猶弋者觀鳥獸挂罻羅而喜也孔子謂不教而殺謂之虐士師不當以得情爲喜曾子此言有萬物一體之意與大禹之泣罪同矣

○子贛曰紂之不善不如是其甚也是以君子惡居下流天下之惡皆歸焉〔子貢漢石經作贛下凡貢字仿此皇本善下有也字今本不如是之甚漢石經作不如是其甚今從石經論衡引作孔子語當是誤記如作若〕

列子楊朱篇天下之美歸之舜禹周孔天下之惡歸之桀紂漢書敘傳班伯曰侍中起眠事時乘輿幄坐張畫屏風畫紂醉踞妲己作長夜之樂上因顧指畫而問伯紂爲無道至於是虖伯對曰書云迺用婦人之言何有踞肆於朝所謂衆惡歸之不如是之甚者也楊敞傳惲書曰下流之人衆毀所歸後漢書竇憲傳論憲率羗胡邊雜之師一舉而空朔庭列其功庸兼茂於前多矣而後世莫稱者章末釁以降其實也是曰下流君子所甚惡焉諸文皆以天

下之惡爲惡名也皇疏引蔡謨曰聖人之化由羣賢之輔闇主之亂由衆惡之黨是以有君無臣宋襄以敗衛靈無道夫奚其喪言一紂之不善其亂不得如是之甚身居下流天下惡人皆歸之是故亡也此以天下之惡爲惡人其說亦通左昭七年傳楚芋尹無宇曰昔武王數紂之罪以告諸侯曰紂爲天下逋逃主萃淵藪杜注天下逋逃悉以紂爲淵藪集而歸之孟子滕文公篇言紂臣有飛廉墨子非樂有費中惡來崇侯下流地形卑下之處衆流之所歸喻人身有汙賤之實亦惡名之所聚也子贛言此欲人常自警省不可一置其身于不善之地非謂紂本無罪而虛被惡名也

○子贛曰君子之過也如日月之食焉過也人皆見之更也人皆仰之皇本食焉作蝕也

更改也君子光明磊落絕無隱匿即有過舉與人共見未嘗掩飾旋即改去不留纖污明德復明完全無缺故如日月之食此與小

人之過必文互對學者亦可參矣

○衛公孫朝問於子贛曰仲尼焉學論衡引作子禽問當是因下章而誤記

孝經疏云劉瓛述張禹之義以爲仲者中也尼者和也孔子有中和之德故曰仲尼禮記檀弓魯哀公誄孔子注尼父因其字以爲之謚疏云尼則謚也翟氏四書考異曰中和之說稍近穿鑿魯哀公事則甚信而可徵論語惟此以下四章稱仲尼章末且有其死也哀之文必孔子既卒後語合中庸孝經之稱謂觀之則尼誠孔子謚矣今人藉口孝經中庸謂弟子子孫皆可呼其祖父之字殆未深攷公孫朝衛大夫春秋時魯有成大夫公孫朝見昭廿六年傳楚武城尹公孫朝見哀十七年傳鄭子產兄公孫朝見列子楊朱篇及此凡四人故論語稱衛以別之與公子荆書法同驚孔子之聖欲知孔子所從學也

子贛曰文武之道未墜於地在人賢者志其大者不賢者志其小者

莫不有文武之道焉夫子焉不學而亦何常師之有墜漢石經作隧識作志漢書楚元王傳並作志楚辭九歌矢交隧兮士爭先王莽傳不隧如髮漢西狹頌數有顛覆霣隧之患蓋隧墜古通論語古義曰述而云多見而識之白虎通引作志鄭注周禮保章氏云志古通識賈疏古之文字少志意之志與記識之識同說文無志字徐鉉於心部補之云志意也從心出聲段注謂志所以不錄者古文有志無識小篆乃有識字保章注志古文識識記也哀公問注志讀爲識識知也今之識字志韻與職韻分二解而古不分二音則二解亦相通古文作志則志者記也知也許心部無志者蓋以其即古文識而識下失載也晉書禮志引而亦作夫文選閒居賦注引論語叔孫武叔曰吾亦何常師之有當是誤憶

文武之道謂文王武王之典章政事也在人言士大夫之文獻者有賢不賢也不賢謂次賢也老聃萇弘賢者之志其大孔子就而問禮師襄師摯不賢者之志其小孔子就而問樂以及項橐可師童謠可識皆所謂焉不學無常師也呂氏春秋謂孔子學于孟蘇夔靖叔或亦孔子所問學但生知之神聖博採古今中外之長無在非師亦無一師可服實言孔子爲創教之聖無不師學實非關師學云爾孔子所採于古制周道爲多子思稱憲章文武故墨子

攻孔子曰子之古非古也法周未法夏也蓋墨子稱三代而法夏孔子稱三代而法周故子贛答公孫朝亦舉周道也

○叔孫武叔語大夫於朝曰子贛賢於仲尼

武叔魯大夫名州仇

子服景伯以告子贛子贛曰辟諸宮蘠賜之蘠也及肩窺見室家之好夫子之蘠數仞不得其門而入不見宗廟之美百官之富今本譬之宮牆漢石經譬作辟之作諸牆作蘠皇本作譬諸句末有也字漢石經蘠下至窺見上缺二字今本間三字疑漢本無也字窺釋文皇本宋石經作闚今從漢石經

包咸曰七尺曰仞此今文說也古文作八尺則與壽同應劭作五尺六寸小爾雅作四尺皆謬不入其門則不見其中之所有言牆高而宮廣也

得其門者或寡矣夫子之云不亦宜乎

包咸曰夫子謂武叔莊子稱孔子爲神明聖王四通六闢其運無

乎不在孟子稱孔子聖而不可測之爲神凡道愈深遠人愈難見道稍淺者近人人則易窺人情皆據所見以論人以武叔而論孔子如以三尺僬僥而窺龍伯大人豈能見哉今以粗跡所傳若春秋之太平禮運之大同易之羣龍无首朱子尚疑之況其餘乎數千年推測六經人人自以爲是而二千年未知平世大同之道歸魂游魂之說愚今推知之矣安知不又有出于愚所知之外者乎口說不傳尚如此口說若傳更不知若何易曰書不盡言言不盡意書者六經也不足以盡口說言者口說也不足以盡聖意今愚見所懷大小精粗長短之識諸星諸天諸元諸血輪之論尚不能暴于人間而況孔子之聖意乎見其粗者或遺其精見其末者或遺其本自顏子具體外聖門諸子亦不過得片鱗隻甲何況後人故二千年來得見孔子之道者寡矣以爲孔子專言形體而不知其言靈魂以爲孔子專言人世而不知其多言天神其他德行政

事言語文學之科獨人立國天下合羣之義莫不詳委該備所謂宗廟之美百官之富非子贛親聞性與天道何得尊歎之如此後人據所見以妄議神靈者如五色之珠見青見黃皆不是如天之大蒼蒼無正色杳杳無終極若言是笠是弓贊之攻之總皆謬見而已子贛得孔子之一體而世大震驚蓋聖道愈深則愈闇然而人益不能測也

○叔孫武叔毀仲尼子贛曰無以爲也仲尼不可毀也他人之賢者丘陵也猶可踰也仲尼日月也無得而踰焉人雖欲自絕其何傷於日月乎多見其不知量也風俗通山澤卷引無者字皇本日月上有如字後漢書孔融傳列女傳二注引此同皇本絕下有也字

毀非也無以爲猶言無用爲此土高曰丘大阜曰陵日月喻其至高明不知量謂不自知其分量以孔子之神聖在當時亦遭毀殺蓋道大如天非民所名而小大精粗不容必相攻擊但攻人者必

相等乃能攻世之賢知與人比較如平地之于丘陵若神聖化生救人其與人如天壤之隔盲者攻日月無明于日月何損只益見其盲而已孔子之如日月惟子贛乃知之後世之妄議日月者亦猶武叔乎

○陳子禽謂子贛曰子爲恭也仲尼豈賢於子乎

爲恭謂爲恭敬推孫其師也

子贛曰君子一言以爲知一言以爲不知言不可不慎也夫子之不可及也猶天之不可階而升也

階梯也大可爲也化不可爲也神不可測也故曰不可階而升也

夫子之得邦家者所謂立之斯立道之斯行綏之斯來動之斯和其生也榮其死也哀如之何其可及也漢書董仲舒傳引來作徠

立之謂植其生也道引也謂教之也行從也綏安也來歸附也動謂鼓舞之也和所謂於變時雍言其感應之妙神速如此榮謂莫

不尊親哀則如喪考妣此聖人之神化上下與天地同流者子贑言夫子之得邦家其能易世安民如此然孔子未嘗得邦家但垂教耳亦復不立斯立不道斯行不綏斯來不動斯和固不藉國家之力人以爲子贑好贊美孔子愚則以爲子贑之知孔子者尚粗淺而不得其萬一也所謂天不可階其信然乎

論語注卷之十九終

門人高要陳煥章初校

門人番禺王覺任覆校

門人東莞張伯楨覆校

論語卷二十

二

論語注卷之二十

南海康有爲學

堯曰第二十

凡三章魯論本二章其末一章齊論也翟氏灝考異古論語分此一篇爲二則堯曰凡一章子張凡二章愚按子張一章論語無此文體只似記中之孔子三朝記疑爲劉歆于他書採入爲古論語者末章知命說當是齊論

○堯曰咨爾舜天之歷數在爾躬允執其中四海困窮天祿永終

此堯命舜而禪以帝位之辭咨嗟歎聲歷數者考定星歷建立五行有天地神祇物類之官躬身也洪範王省惟歲故董子引此謂察身以知天在察也鄭謂曆數爲帝王受命之符瑞允信也困極也永長也中者無過不及允執厥中者中庸之德中和之理用其中于民中國政術學術尊奉之此爲公理之極放之四海萬國而準者也若四海之人困窮則君祿亦永絶矣戒之也故以富民厚生爲政之要矣民窮則亂生君位卽不保也易歸妹象傳君子以

永終知儆班彪王命論福祚流于子孫天祿其永終矣雋不疑匡衡傳漢武立子齊王閎策皆以永終爲吉語則困窮爲儆語永終爲勉語耶王肅僞古文采之入大禹謨

舜亦以命禹

曰予小子履敢用玄牡敢昭告于皇皇后帝有罪不敢赦帝臣不蔽簡在帝心朕躬有罪毋以萬方萬方有罪在朕躬劉氏恭冕正義謂曰上當有湯字今本無以萬方漢石經作毋今本罪在朕躬漢石經無罪字皇本同

墨子兼愛下夫兼相愛交相利不惟禹誓爲然雖湯說亦猶是也湯曰惟予小子履敢用玄牡告于上天后曰今天大旱即當朕身履未知得罪于上下有善不敢蔽有罪不敢赦簡在帝心萬方有罪即當朕身朕身有罪無及萬方呂氏春秋順民篇亦云湯克夏而天大旱湯以身禱于桑林曰余一人有罪無及萬夫萬夫有罪在余一人然則此語爲因旱禱雨之辭王肅僞古文書采入湯

誥以爲湯伐桀祭天而告諸侯之辭惟周語內史過引湯誓詞與此同湯說湯誓當是孔墨異名而所引書詞同當是湯眞文矣白虎通引此亦以爲伐桀祭天辭履蓋湯名用玄牡夏尚黑未變其禮也簡閱也以與也墨子言有善不敢蔽則帝臣善臣也包曰順天奉法有罪者不敢擅赦言桀雖爲君而虐其民君者養民者也桀暴賊仁者謂之賊賊義者謂之殘殘賊之人謂之匹夫順天奉法已不敢赦而天下賢人皆上帝之臣已不敢蔽簡在帝心惟帝所命君有罪非民所致民有罪實君所爲賢者治世自引過以寬民不賢之君諉罪于臣臣諉罪于民于是民視上如仇讐而大亂作傳曰禹湯罪已其興也勃焉桀紂罪人其亡也忽焉

周有大賚善人是富

此以下述武王事賚予也所謂散鹿臺之財發鉅橋之粟此言其所富者皆善人也詩周頌賚序云賚大封于廟也賚予也言所以

錫予善人也

雖有周親不如仁人

周至也孔氏曰親而不賢不忠則誅之管蔡是也仁人謂箕子微子來則用之

百姓有過在予一人

此爲王肅僞古文尚書採入泰誓惟墨子兼愛中昔者武王將事泰山隧傳曰泰山有道曾孫周王有事大事既獲仁人尚作以祇商夏蠻夷醜貉雖有周親不若仁人萬方有過維予一人宋氏翔鳳說周親四語蓋封諸侯之辭也武王封大公於齊在泰山之陰故將事泰山而稱仁人尚爲封大公之辭也說苑貴德篇武王克殷問周公曰將奈其士衆何周公曰使各宅其宅田其田無變舊親惟仁是親百姓有過在予一人湯武皆以天下人之罪過爲己罪過其爲民伐賊之武代民受罪之仁眞可爲後世法也蓋萬物

一體原無畛域滴水有毒一池不食故萬方百姓方有罪過皆已之罪人人知此則見人之罪失哀矜自責矣豈復有攻許人者哉耶氏之爲民贖罪亦得此義而爲教主也

孔子曰謹權量審法度脩廢官四方之政行焉何休昭三十二年注引此有孔子曰漢書律歷志引此亦云孔子陳後王之法曰則謹權量下爲孔子語何休爲今文家則魯論必有孔子曰今據補皇本焉作矣

權所以稱輕重銖兩斤鈞石爲五權量所以量多少龠合升斗斛爲五量四方各異必宜謹卽同律度量衡之義易制而用之謂之法法度者法律制度也法律者國人皆受治焉制度者國所以立而時有因革少有偏誤其害多矣當以時時審察之若有不適卽當立改治國之得失視乎官制各地異宜其舊用官制之已廢者亦多有益于今宜修補之權量不一法度不審廢官不修雖有政令具文不行故必謹權量使萬國一同審法度使時變適宜修廢官使事職皆舉而後政乃行于四方也

興滅國繼絕世舉逸民天下之人歸心焉後漢書逸民傳論注文選兩都賦序爲諸孫置守家人表兩注顏師古漢書外戚侯表注引皆有子曰逸民傳論與外戚侯表注天下之民爲天下之人

禮天子不滅國諸侯不滅姓其身有罪宜廢者選其親而賢者立之世謂大夫所謂仕者世祿但不世位耳仁者不絕人之種故繼之逸民天之精英人之才賢故舉之順乎民心故皆歸也

所重民食喪祭

孔氏曰重民國之本也重食民之命也重喪所以盡哀重祭所以致敬蓋民爲貴寶食者養生之具喪祭送死之禮洪範一曰食二曰貨富而後教故民食爲先喪祭則慎終追遠民德歸厚養生送死無憾王道之始也

寬則得衆敏則有功公則說漢石經無信則民任焉句皇本足利本高麗本亦無皇本說上有民字翟灝考異云按四語與上文絕不蒙與前論仁章文惟公說二字殊疑子張問仁一章原在古論子張篇首而此爲脫亂不盡之文古書簡盡則止不以章節分簡故雖大半脫去猶得餘其少半連絡于下章也下章子張問政孔子約數以示侯張請目然後詳晰言之與問仁章文

勢畫一顯見其錄自一手又二十篇中唯此二章以子答弟子之言加用孔字蓋古分堯曰子張問以下別爲一篇與前季氏篇爲別一記者所錄稱孔子是其大例故知命章首舊本亦有孔字今以問仁章亂入陽貨之篇既嫌其體例不符而公山佛肸連類並載之間橫隔以此亦頗不倫

寬則民情愛戴而爭歸附敏則率作興事而多成功公則與民同之大衆說服論帝王之德心有此三者乃成若天下爲公惟堯舜有之惟大同之世行之尤孔子所注意矣孟子于終篇述堯舜湯文論語終篇亦論堯舜湯武一以見民主公天下之善一以見革命誅民賊之功皆孔門之微言託于終篇以寓大義者也信則民聽任之亦爲政之大義但魯論無此故闕之

〇子張問於孔子曰何如斯可以從政矣子曰遵五美迸四惡斯可以從政矣皇本問下有政字尊或作遵漢平都相蔣君碑遵五迸四後漢祭遵傳遵美屏惡肆釋以爲魯論大學迸諸四夷釋文引皇云迸猶屏也說文無迸字必今文迸除也

子張曰何謂五美子曰君子惠而不費勞而不怨欲而不貪泰而不驕威而不猛

子張曰何謂惠而不費子曰因民之所利而利之斯不亦惠而不費乎擇可勞而勞之又誰怨欲仁而得仁又焉貪君子無衆寡無小大無敢慢斯不亦泰而不驕乎君子正其衣冠尊其瞻視儼然人望而畏之斯不亦威而不猛乎皇疏兩述經文因民下無之字易益卦注周官旅師疏文選洞簫賦注引皆無之字疑後人誤寫衍皇本擇下有其字

民利于土產山者利其鳥獸材木渚者利其魚鹽皆聽而不易之民利于佚樂則食味別聲被色而歌舞之民利于自由則言論思想聽其自由民利于公同則合民之所有而爲之立公路公學公園公養疾公養老皆不費于國而民大得所因者國家全不干預爲政者但代民經理而已孔子此言盡爲政之法矣爲國事而自行保護爲公衆而自享利益雖人人爲兵亦不敢怨凡有仁政皆

立舉行仁聲仁聞洋溢天地得所欲矣而未嘗貪小大衆寡皆天所生人人平等不須嚴衞故出門如見大賓使民如承大祭書無逸所謂至于小大無時或怨故泰而不驕禮儀嚴肅故威而不猛皇疏君子正其衣冠者衣無撥冠無免中論法象篇法象者莫先乎正容貌慎威儀是故先王之制禮也爲冕服采章以旌之爲佩玉鳴璜以聲之欲其尊也欲其莊也焉可懈慢也夫容貌者人之符表也符表正故情性治情性治故仁義存仁義存故盛德著盛德著故可以爲法象令美國利民之道仁民之制勞民之方平等之制皆行孔子之政言簡而該以此繼帝王之道可爲平世民政之法也

子張曰何謂四惡子曰不教而殺謂之虐不戒視成謂之暴慢令致期謂之賊猶之與人也出內之吝謂之有司納皇本釋文唐石經皆作內

虐從虎爪謂殘酷不仁戒警告也暴謂卒遽不戒不宿戒而責立

成慢令致期謂與民無信而虛刻期猶之謂均之也貪而不施謂之吝謂財物必當與人而于出納之際吝嗇惜難之也治民者必先教以禮義令人人皆服于禮律其有犯法者乃是故犯可以加刑若未施教而刑之孟子所謂罔民也法定必預期施行之年月而後行之令民預戒預習皆刻期必信否則謂之暴賊當與不與雖與不感有司守常職者則可若為政者則當有非常不測之恩惠乃可得人心孔子此論政體備極詳細尤中野蠻世之弊文明世宜所掃除也

○孔子曰不知命無以為君子也釋文引鄭注魯論無此章然韓詩外傳六引子曰不知命無以為君子則必齊論也今所別擇古文之偽耳若韓詩為今文則同為孔學之真宜保持焉故仍舊釋文本皇邢本唐宋石經皆作孔子曰惟集注本無孔字當是誤脫今補之韓詩外傳六引此無也字

命者人受於天者也人生富貴貧賤壽夭窮通皆有定命非人力所能為窮理盡性以至于命知而樂之無入而不自得則為君子

不知命則戚戚怨尤作奸犯科逆天背理而終無所得枉作小人而已此孔子所立之義最爲直捷易簡凡人苟能知命則安處善樂循理必不爲小人之歸其于行道思過半矣學者信得命及則于生死大事自能超脱窮通境遇無所繫累既無所爲惟有盡力以行仁雖爲聖人可也何有君子乎此入道之門樂天之法一超直至掃除無累孔子度人之神方也故論語終篇大聲疾呼在此其所以援救天下生人至切矣

不知禮無以立也

不知禮則耳目無所加手足無所措

不知言無以知人也

言之得失可以知人得失邪正繫辭謂將叛者其辭慙中心疑者其辭枝吉人之辭寡躁人之辭多誣善之人其辭游失其守者其辭屈孟子知言謂詖辭知其所蔽淫辭知其所陷邪辭知其所離

遁辭知其所窮有身不知所立則一身不能得所與人交不能知人則終身受其大害二者人道之至切知命爲本復須知禮知言乃能處人間世而無礙論語徧陳萬法而于終篇丁甯斯三者學者不可不留意焉

論語注卷之二十終

門人高要陳煥章初校

門人番禺王覺任覆校

門人東莞張伯楨覆校